O que a Bíblia ensina
sobre carreiras e empregos

TODAS AS RESPOSTAS

MAX GEHRINGER

Benvirá

ISBN 978-85-8240-218-4

DADOS INTERNACIONAIS DE CATALOGAÇÃO NA PUBLICAÇÃO (CIP)
ANGÉLICA ILACQUA CRB-8/7057

Gehringer, Max –
Todas as respostas / Max Gehringer. – São Paulo : Benvirá, 2015. 376 p.

ISBN 978-85-8240-218-4

1. Profissões – Desenvolvimento 2. Orientação profissional – Aspectos religiosos 3. Sucesso nos negócios 4. Bíblia 5. Deus I. Título

15-0584 CDD-650.14
CDU-65.011.4

Índices para catálogo sistemático:
1. Profissões - Desenvolvimento

1ª edição, 2015 | 2ª tiragem, 2015

Editora Saraiva

Rua Henrique Schaumann, 270
Pinheiros – São Paulo – SP – CEP: 05413-010
PABX (11) 3613-3000

SAC | **0800-0117875**
De 2ª a 6ª, das 8h30 às 19h30
www.editorasaraiva.com.br/contato

Diretora editorial Flávia Alves Bravin
Gerente editorial Rogério Eduardo Alves
Planejamento editorial Rita de Cássia S. Puoço
Editoras Débora Guterman, Luiza Del Monaco, Paula Carvalho, Tatiana Allegro
Assistente editorial Lara Moreira Félix
Produtores editoriais Alline Garcia Bullara, Amanda Maria da Silva, Daniela Nogueira Secondo, Deborah Mattos, Rosana Peroni Fazolari, William Rezende Paiva
Comunicação e produção digital Mauricio Scervianinas de França, Nathalia Setrini Luiz
Suporte editorial Juliana Bojczuk
Produção gráfica Liliane Cristina Gomes

Preparação Francisco José M. Couto
Revisão Diana de Hollanda, Laila Guilherme
Diagramação Caio Cardoso
Capa Aero Comunicação/Marcelo G. Miguel
Foto do autor Luiz Berenger
Impressão e acabamento Gráfica Paym

Agradecimentos

A Renato Gehringer, pela inestimável colaboração.

A todos os colaboradores da Saraiva que enviaram suas perguntas, em especial a Alzira Muniz, Carlos Eugênio, Cecília Coutinho, Marília Cordeiro, Rodrigo da Silva Reis e Selma Batista.

Breve introdução

Uma carreira profissional depende de várias habilidades. Uma delas consiste em saber fazer as perguntas certas na hora certa e, principalmente, em saber onde encontrar as respostas apropriadas. Respostas que não sejam vazias. Que não utilizem palavras complicadas, cujo único objetivo é impressionar quem as lê. Respostas cuja sabedoria e consistência estejam assentadas no longo tempo que separa os modismos dos ensinamentos comprovados.

A boa notícia é que todas essas respostas estão contidas em um único livro, a Bíblia. Bem poucas coisas materiais que hoje existem, e que parecem indispensáveis à vida moderna, existiam quando a Bíblia foi escrita. Mas tudo aquilo que compõe a essência do ser humano, suas melhores qualidades e seus piores defeitos, pouco se alterou com o passar dos milênios.

Este livro procura fazer uma ponte entre as questões do mercado de trabalho de hoje e os ensinamentos de sempre. Há na Bíblia dezenas de versículos sobre trabalho, e centenas perfeitamente aplicáveis a ele, mesmo que o contexto original tenha sido outro. O cenário pode ter mudado radicalmente, mas as aspirações de quem batalha por uma vida que faça sentido, não.

As perguntas das páginas seguintes são reais. Eu as compilei a partir de mais de cem mil mensagens que recebi nesses últimos quinze anos tentando elucidar diariamente dúvidas de ouvintes da rádio CBN. As respostas são versículos bíblicos – utilizei as Bíblias King James e Almeida Revista e Atualizada –, traduzidos por mim, adaptados (em alguns casos) e identificados.

O resultado é um mapa de caminhos traçados há muito tempo, mas que continuam tão atuais como se estivessem sendo abertos em nossos dias. Espero que você aprecie esta jornada, cujos passos foram transpostos da sabedoria do passado para sua reflexão pessoal sobre o presente.

Justiça Ch

abedoria

Liderança Con

Eficiência

Delação Re

Estudos

Criatividade

Persistênc

Confiança Foco

Reputação

Promoção

Colaboração

Não gaste saliva com quem não irá ouvi-lo.

Tento, educadamente, ajudar as pessoas que trabalham comigo oferecendo críticas e sugestões e colocando-me à disposição para colaborar. Tenho, entretanto, um colega que vive debochando de tudo e todos, mas reage com escárnio quando alguém tenta devolver suas brincadeiras.

Corrigir quem vive de zombarias é pedir para ser insultado. Repreender um perverso é machucar a si mesmo. Portanto, não se aborreça. Instrua os sábios, e eles se tornarão mais sábios; ensine os justos, e eles crescerão em prudência.

Provérbios 9, 7-9

Tapeação

Quem trilha o caminho certo nada tem a temer.

Por vezes, noto que pessoas com as quais convivo fingem que estão trabalhando, quando na verdade estão se dedicando a matar tempo e a prejudicar os esforços dos que desejam trabalhar. Sinto vontade de denunciar esses preguiçosos, mas me contenho. Acredito que um dia eles serão apanhados e castigados.

Quem anda com integridade anda seguro na vida. Aqueles que seguem caminhos tortuosos serão descobertos.

Provérbios 10, 9

Críticas

Não se ofenda ao ser repreendido.

Confesso que não gosto de ser criticado, mesmo reconhecendo que às vezes eu possa merecer uma repreensão de meu superior. Em casos assim, procuro me conter e não responder. Estou certo em não tentar argumentar quando sei que estou errado?

Quem respeita e aceita instruções ama o conhecimento e o aprendizado. Quem odeia uma repreensão justa é um tolo. O filho sábio ouve a instrução do pai, enquanto o zombeteiro se faz de surdo.

Provérbios 12, 1 e 13, 1

Arbítrio

Conquanto nada haja que o desabone...

Vejo muitas coisas erradas no trabalho. Desobediência, principalmente. É obrigação do funcionário denunciar à direção fatos que contrariem os regulamentos da empresa?

Aquele entre vocês que não tiver nenhum pecado seja o primeiro a lhe atirar uma pedra.

João 8, 7

Grupos

O esforço conjunto só traz vantagens.

Prefiro trabalhar sozinho, sem ninguém me incomodando. Acredito que assim me concentro melhor e posso produzir mais. Essa coisa de trabalho em equipe funciona mesmo ou é uma maneira de todos perderem tempo juntos?

A colaboração entre dois é mais proveitosa do que o esforço individual. Se um deles cair, o outro estará perto para levantá-lo. Infeliz é quem cai e não tem ninguém para ajudá-lo. Há mais calor em uma colaboração conjunta e mais frio no trabalho solitário. E, por mais que um possa ser forte, dois podem se defender melhor. Uma corda dobrada três vezes é muito mais resistente.

Eclesiastes 4, 9-12

Formação

Não deixe de continuar afiando seus conhecimentos.

Um pouco por falta de recursos, e um pouco por preguiça, abandonei precocemente os estudos. Em meu trabalho, ainda não estou sentindo muita falta daquilo que não aprendi, mas temo que, no futuro, a carência desses ensinamentos possa vir a atrapalhar meu desenvolvimento, porque vejo colegas progredindo mais rapidamente do que eu.

Se a lâmina do machado não está devidamente afiada, será preciso redobrar a força para fazê-la cortar.

Eclesiastes 10, 10

Opiniões

Falar sem pensar é pior do que pensar e não falar.

Reconheço que tenho um pequeno problema, o de falar sem pensar. Quando alguém começa a discorrer sobre um assunto, interrompo para emitir minha opinião antes mesmo de saber qual seria a conclusão de quem está falando. Sempre imaginei que essa atitude fosse uma demonstração de meu direito de opinar, mas já percebi que venho atraindo certas antipatias. Será que esse problema é maior do que eu sempre imaginei que fosse?

Atente aos que tomam a palavra precipitadamente e você verá que um tolo calado terá mais esperanças. A língua é um pequeno órgão, mas pode causar enormes estragos a quem se gaba, assim como uma floresta inteira pode ser destruída por uma simples fagulha.

Provérbios 29, 20
Tiago 3, 5

Expectativa

Não se deixe abater.

Trabalho há quatro anos. Sou aplicado. Tento fazer sempre o melhor que posso. Não brigo nem discuto. Não espero muito, mas será que posso esperar pelo menos um pouco?

Certamente haverá um futuro, e a sua esperança não será ceifada dele.

Provérbios 23, 18

Dívidas

Planeje-se, para não cair em um redemoinho financeiro.

Tenho muitos gastos pessoais. Por isso, mudo frequentemente de emprego em busca de uma melhor remuneração. Até agora, entretanto, só consegui acumular mais dívidas. Já nem sei se meu problema é o de ganhar pouco ou o de gastar muito.

Você está semeando muito e colhendo pouco. Por isso, você tem o que comer, mas não acredita que o que come seja suficiente. Você tem o que beber, mas nunca sacia sua sede. Você tem roupas para vestir, mas nenhuma delas lhe parece apropriada. Quem age dessa forma está apenas colocando seu salário em um saco cheio de furos. Aja como o construtor de uma torre: primeiro sente-se e calcule todos os custos, para saber se você terá recursos suficientes para completá-la.

Ageu 1, 6
Lucas 14, 28

Emoções

Não se envergonhe de seus sentimentos.

Sou motivo de piadas em meu trabalho porque choro com muita facilidade. Quando estou alegre, ou mesmo quando me sinto triste, meus olhos se umedecem. Quando comecei a trabalhar, até tentei disfarçar as lágrimas, mas já me convenci de que sou assim mesmo. Há algum exemplo de alguém que foi bem-sucedido mesmo sendo altamente emotivo?

Jesus chorou.

João 11, 35

Importância

Veja em si mesmo as qualidades que outros preferem ignorar.

Tenho uma tarefa muito simples em meu trabalho. Procuro executá-la com eficiência, mas percebo que algumas pessoas me tratam como se eu não tivesse nenhuma importância. Não deveria haver um pouco mais de consideração para com aqueles que estão somente tentando cumprir bem suas obrigações?

Um corpo está bem ajustado quando cada uma de suas partes está unida pelas respectivas juntas. E um corpo somente se consolida por inteiro quando cada uma das partes funciona apropriadamente, cumprindo a função que lhe foi destinada. Se o corpo fosse somente um olho, o que aconteceria com a audição e o olfato? Deus dispôs as partes de um corpo, cada uma delas, como Ele deseja que elas operem. As partes podem ser muitas, mas o corpo é um só.

Efésios 4, 16
1 Coríntios 12, 17-20

Aprendizado

Mesmo sendo às vezes repelido, persista na busca por boas lições.

Convivo com um par de colegas que não gostam de conversar. Eu gosto. Mas não de levantar assuntos fúteis, que só ocasionam perda de tempo. Aprecio a troca de ideias. Converso com quem sabe mais do que eu para que eu possa aprender. Mesmo sendo repelida em algumas tentativas de iniciar diálogos que me possam ser proveitosos, devo persistir?

Assim como o ferro afia o ferro, também uma pessoa pode afiar o conhecimento de outra.

Provérbios 27, 17

Acomodação

Por mais que se aprenda, sempre haverá muito a aprender.

Tenho um bom trabalho, mas faço a mesma coisa há anos. Eu deveria me sentir satisfeito por não ter que pensar muito para fazer o que faço ou deveria sair da zona de conforto e solicitar a meu superior que me dê tarefas novas e mais desafiadoras?

Não se conforme com o mundo que você conhece. Transforme-se pela renovação de sua mente, para que você possa experimentar o que é bom, perfeito e aceitável segundo a vontade de Deus.

Romanos 12, 2

Suplício

Esforce-se, mas não se esgote.

Trabalho em uma empresa péssima, com chefes que vivem depreciando os subordinados e são incapazes de fazer um simples elogio. O ambiente de trabalho é opressivo, e eu sairia daqui com gosto, mas não me animo a pedir a conta porque, apesar dos pesares, tenho um salário apreciável. Faço bem em suportar esse sacrifício diário pensando no que poderei usufruir no futuro?

Não chegue à exaustão pensando apenas em acumular riqueza. Não aplique nisso a sua inteligência. Bens materiais batem asas, como um pássaro que voa para longe.

Provérbios 23, 4-5

Dirigentes

Sem comando, nenhuma empresa dura muito.

A empresa em que trabalho está se esfacelando por falta de uma liderança ativa. As solicitações que vêm de baixo vão sendo empurradas para cima, até que chegam lá no alto e nenhuma providência é tomada. Mesmo tendo uma função de baixa hierarquia, que não me permite influir nas decisões, tenho receio de que a empresa não consiga ir longe se continuar funcionando somente por inércia.

Que os mais elevados se aproximem dos menores, e que o líder comande como quem serve.

Lucas 22, 26

Ansiedade

Viva um dia de cada vez.

Todas as manhãs, acordo e vou trabalhar pensando no dia em que finalmente serei promovido e ganharei mais.

Não fique excessivamente ansioso pensando no dia de amanhã, porque ele certamente lhe trará novos motivos de ansiedade. Cada dia é feito de seus próprios cuidados, e os de hoje já serão bastantes.

Mateus 6, 34

Paciência

Ilumine quem precisa de uma luz.

Tenho um colega que é incapaz de executar suas tarefas, mesmo aquelas que não são complicadas. A cada quinze minutos, ele vem me pedir alguma explicação e me faz perder tempo. Detesto ter que ficar explicando coisas simples para pessoas de inteligência curta.

A revelação de suas palavras traz luz e dá entendimento a quem possui menos experiência.

Salmos 119, 130

Persistência

Desistir não traz uma opção melhor.

Eu me esforço, mas as coisas não acontecem. Para cada alegria, passo por meia dúzia de decepções. Às vezes me dá vontade de desistir de tudo.

Sei o que é ser humilhado e sei o que é ser honrado. Aprendi o segredo de viver contente em toda e qualquer situação, na fartura e na fome, na abundância e na escassez. Tudo posso naquele que me fortalece.

Filipenses 4, 12-13

Castigo

Os maliciosos receberão o que merecem.

Trabalho com uma pessoa que, infelizmente, não consegue se relacionar bem com ninguém. Se fosse só isso, ainda seria suportável, mas essa pessoa vive criando caso, fazendo acusações e espalhando boatos maledicentes, tentando jogar uns contra os outros.

É o criador de casos, que tem a boca corrompida, que tem a malícia nos olhos, que passa uma má impressão até mesmo com seus pés e seus dedos e que semeia a discórdia com o mal que traz em seu coração. As suas calamidades se voltarão contra ele, e ele será irremediavelmente destruído.

Provérbios 6, 12-15

Camaradagem

Não escolha o colega errado pelo motivo certo.

Em nome de meu progresso profissional, devo arriscar ser amigo de um colega que é muito competente no que faz, mas que tem pavio curto e por isso vive arranjando problemas com a chefia e os demais colegas?

Não se associe com gente de temperamento agressivo, que se encoleriza facilmente, para não querer agir igual e acabar emaranhado.

Provérbios 22, 24-25

Antecipação

Viva o momento.

Estou me esforçando muito no estudo e no trabalho porque pretendo um dia chegar a um alto cargo de direção, e quem hoje me ignora ou me despreza receberá o troco na mesma moeda.

Não se vanglorie hoje do que fará amanhã, porque ninguém sabe o que cada dia irá trazer.

Provérbios 27, 1

Palavras

Obras e exemplos dizem mais.

Tenho alguns colegas que não escutam o que falo quando tento oferecer conselhos. Perco a voz de tanto insistir, mas não vejo nenhuma melhora neles.

Se uma pessoa não tiver roupas para se agasalhar, nem alimentos suficientes para uma refeição, e você disser a ela: "Fique em paz, agasalhe-se bem e alimente-se adequadamente", mas não fizer nada em relação às necessidades dela, que bem você estará fazendo? Se não for acompanhada por obras, a fé é morta em si mesma.

Tiago 2, 15-17

Hierarquia

Não precisa ser uma ditadura, mas não é uma democracia.

Não gosto dos modos de meu chefe. Ele é muito autoritário e pouco compreensivo, para apontar apenas dois de seus defeitos. Não é uma pena que os chefes possam escolher seus subordinados, mas os subordinados não possam escolher seus chefes?

Obedeça a seus guias e submeta-se à autoridade deles, pois eles cuidam de você e disso terão que prestar contas. Colabore para que o trabalho deles seja feito com alegria e não com pesar, porque isso não seria proveitoso nem para eles nem para você.

Hebreus 13, 17

Comparação

Procure sempre superar somente a si mesmo.

Sou esforçado no trabalho e procuro fazer com perfeição tudo conforme me é solicitado, em tempo e correção. Por agir dessa maneira, não suporto ver que alguns colegas poderiam fazer mais e melhor, e não fazem.

Quem julga ser alguma coisa, não sendo nada, está enganando a si mesmo. Que cada um teste seu próprio trabalho e nele encontre motivos para se vangloriar, sem precisar se comparar com ninguém. Cada um tem seu próprio fardo para carregar.

Gálatas 6, 3-5

Restrição

Diminua o mal em vez de ampliá-lo.

Quando preciso perguntar alguma coisa a meus colegas, noto que muitos deles sonegam informações que seriam importantes para meu trabalho. Aprendi que é assim que as coisas funcionam, e por isso decidi também guardar para mim aquilo que eu sei.

Não esconda daqueles a quem você pode beneficiar o que pode ser bom e proveitoso para eles, estando em suas mãos o poder para fazê-lo. Ofereça o que tiver, e você receberá de volta a sua medida, justa e bem calculada. Não use de mesquinhez, porque a mesma medida que você usar para medir os outros será usada igualmente para que os outros meçam você.

Provérbios 3, 27
Lucas 6, 38

Objetivos

Estabeleça metas realistas para sua vida.

Não decidi ainda que direção vou tomar em minha carreira, mas tenho planos muito ambiciosos para o futuro. O problema é que meu trabalho atual é pouco desafiador, e às vezes me sinto como se estivesse desperdiçando meu tempo.

Quem trabalha sua terra terá como recompensa a abundância, mas aqueles que passam o tempo perseguindo fantasias mostram falta de bom senso.

Provérbios 12, 11

Humildade

Dê o bom exemplo ao ouvir e acatar conselhos.

Confesso que não gosto que meu superior fique me dizendo todo o tempo como devo me comportar, como devo falar e até como devo me vestir no trabalho. São sugestões que não peço, e não acredito que esteja precisando. Até entendo que meu superior possa estar cheio de boas intenções, mas, se conselho fosse bom, ninguém dava de graça.

Quem acolhe a disciplina aprende o caminho para a vida, mas quem escolhe ignorar as correções perde o rumo e desencaminha os outros.

Provérbios 10, 17

Persistência

A repetição constante solidifica o aprendizado.

Sei como fazer meu trabalho, mas meu chefe insiste em ficar repetindo sempre as mesmas orientações, todo santo dia. Será que ele não confia em mim, ou será que ele pensa que tenho memória curta e hoje já esqueci tudo o que escutei ontem?

Impérios inteiros podem sucumbir por falta de direção. As conquistas são conseguidas pelas orientações de muitos conselheiros.

Provérbios 11, 14

Tolices

Não dê ouvidos a quem inventa histórias.

Trabalho com alguns colegas que dão a impressão de saber tudo sobre a empresa, embora não tenham acesso a dados confidenciais que lhes permitam emitir as opiniões que emitem. Mas eles costuram os fatos tão bem que às vezes fico preocupado por ignorar o que os outros parecem saber com tanta certeza. Já falei com meu chefe, e ele me disse para não prestar atenção nessas conversas tolas de corredor; já não sei em quem acreditar.

A maneira de agir dos tolos somente parece correta aos que são tão tolos quanto eles; os sábios ouvem conselhos.

Provérbios 12, 15

Eficiência

Dedique-se a seu trabalho.

Já ouvi críticas porque estou sempre trabalhando de verdade, enquanto alguns de meus colegas só o fazem quando o chefe está olhando. Um colega até chegou a me dizer que, se eu continuar entregando meus trabalhos antes do prazo, os demais serão cobrados para se apressarem. O que faço? Diminuo meu ritmo para não prejudicar meus colegas?

O preguiçoso anseia por menos esforço, mas sua recompensa será nenhuma. Quem for diligente irá receber sua justa retribuição.

Provérbios 13, 4

Ostentação

Cresça com segurança.

Não sei se estou errada, mas colegas que ganham o mesmo salário que eu aparentam ter muito mais coisas do que tenho. Roupas melhores, sapatos mais finos e aparelhos eletrônicos mais modernos. Não sei se eles fazem isso por ostentação, mas procuro não me afundar em dívidas só pelo prazer passageiro de parecer o que não sou. Será que estou exagerando em ser tão pé no chão?

Tudo o que é acumulado por vaidade irá se diluir. Ir juntando aos poucos e consistentemente, por meio do trabalho, garante crescimento seguro.

Provérbios 13, 11

Teimosia

Não ajude demais quem não merece.

Tenho um colega que é teimoso e sempre quer fazer o trabalho do jeito dele. Com frequência, ele comete erros, fica muito irritado, começa a praguejar e aí vem me pedir para ajudá-lo a consertar o estrago. Tenho ajudado com boa vontade, mas parece que, quanto mais ajudo, mais erros ele comete.

O destemperado precisa pagar o preço. Se você socorrê-lo uma vez, terá que se sujeitar a socorrê-lo sempre.

Provérbios 19, 19

Reputação

Não transforme a sua moralidade em mercadoria.

Trabalho em uma empresa onde impera a mentira. Para evitar assumir a culpa por um erro, a maioria não hesita em fazer acusações infundadas, mesmo que elas prejudiquem quem não tem culpa. Já me aconselharam a ser menos inocente e aprender a mentir também, se eu quiser um dia ser promovida e ganhar mais, porque a empresa parece acreditar que mentira é sinal de esperteza.

Um nome limpo é mais desejável que grandes riquezas. Ser reconhecido e estimado pela honestidade vale mais que um punhado de dinheiro.

Provérbios 22, 1

Delação

Não assuma responsabilidades que são de seu chefe.

Eu me incomodo quando vejo colegas tagarelando durante o expediente. Como meu chefe fica trancado na sala dele o tempo todo, talvez não saiba que poderia obter maior produtividade caso se mostrasse mais atento ao que está acontecendo. Fico com vontade de conversar com ele e alertá-lo sobre essa situação.

Não procure o superior para difamar um subordinado. O acusado se voltará contra você para difamá-lo, e você terminará levando a culpa.

Provérbios 30, 10

Insensatez

Não dê ouvidos a quem elogia a si mesmo.

Trabalho com um grupinho que adora ficar contando vantagem em voz alta. Bem alta. Um deles relata uma história exagerada, e os demais se apressam em aplaudir e elogiar. Sei que essas histórias não refletem a realidade e me sinto desconfortável. Acredito que o objetivo deles seja o de impressionar quem não participa das conversas.

Quem se vangloria demais acaba sendo consumido pelos próprios lábios. No começo, são palavras disparatadas. No fim, se tornam perversas.

Eclesiastes 10, 12-13

Sabedoria

Se falar somente provoca atritos, fique calado.

Não concordo com muita coisa que ouço e, quando isso acontece, sempre manifesto meu ponto de vista. Percebo, entretanto, que a maioria das pessoas reage mal quando é contrariada, em vez de ouvir com atenção e depois tentar me convencer, com bons argumentos, de que posso estar errado. Será que seria mais prudente eu simplesmente deixar que os outros falem o que quiserem, sem me incomodar tanto?

Muitas espécies de animais, répteis e criaturas do mar foram domesticadas pela humanidade. Mas nenhum ser humano consegue domesticar a língua. Ela possui uma natureza inquieta, e seu veneno pode ser mortal.

Tiago 3, 7-8

Apreço

Não despreze o que você faz.

Executo no momento um trabalho que não é ruim nem degradante, mas que está muito distante daquilo que tenho em mente para minha vida profissional. Por isso, chego todos os dias para trabalhar já descontente e me irrito facilmente. Será que não tenho sorte na vida?

Qualquer tarefa que suas mãos encontrem para fazer, procure fazê-la com toda a sua dedicação. Nada é melhor que uma pessoa apreciar o trabalho que faz, porque essa é a sua responsabilidade. Quem poderá fazê-la ver o que virá depois?

Eclesiastes 9, 10; 3, 22

Criatividade

Não esconda suas ideias por receio de que alguém possa roubá-las.

Em meu trabalho, costumo prestar bastante atenção à maneira como as coisas são feitas, tanto em minhas próprias tarefas como nas de meus colegas. Não raramente, tenho ideias que poderiam melhorar a produtividade ou reduzir custos. Por outro lado, tenho um chefe não muito confiável e alguns colegas carreiristas, e temo que eles possam se apropriar de minhas ideias. Sinceramente, não sei se é melhor deixar que as ideias se percam ou correr o risco de vê-las sendo usadas sem que eu receba o crédito.

Ninguém acende uma lâmpada para depois colocá-la onde ninguém possa vê-la. Ela deve ser colocada em seu pedestal, para que todos possam ver sua luz. Esteja pronto para agir e mantenha suas lâmpadas sempre acesas.

Lucas 11, 33; 12, 35

Confiança

Quem é bom recebe mais incumbências.

Sou o funcionário mais cobrado do meu setor. Qualquer coisa que aconteça, ou deixe de acontecer, é comigo que meu chefe vem falar primeiro, pedindo explicações ou me mandando resolver o problema. Como não reclamo e me disponho a fazer o que me é solicitado, o resultado é que meu chefe sempre exige mais e mais de mim, em vez de pedir um pouco mais de esforço a meus colegas preguiçosos. Meu chefe me elogia, é verdade, mas será que não estou sofrendo abusos demais por ser prestativo?

A qualquer um a quem muito for concedido, a ele muito também será solicitado. E aquele em que a maior carga de confiança for depositada receberá igualmente a maior demanda.

Lucas 12, 48

Oposição

Por mais que você esteja certo do que diz, sempre haverá quem duvide.

Quando preciso apresentar uma proposta, ou defender uma sugestão, me preparo da melhor maneira possível, juntando todos os dados necessários. Mesmo assim, há colegas que colocam em dúvida o que falo, e que não mudam de ideia nem quando respondo às dúvidas deles com números indiscutíveis. Isso é normal? Existem pessoas que não concordam só pela satisfação de discordar?

Eu lhes digo que falamos sobre aquilo que sabemos e testemunhamos sobre aquilo que vimos, mas ainda assim há pessoas que não aceitam nosso testemunho.

João 3, 11

Teste

Responda com educação, mesmo que sua opinião não tenha peso na decisão.

Meu chefe sempre pede minha opinião, mas na grande maioria dos casos ele parece nem ouvir o que sugiro. Não sei se ele faz isso porque confia em mim, porque desconfia ou para me fazer sentir importante por um momento. Os chefes costumam agir assim?

Quando olhou e viu uma multidão caminhando em sua direção, Jesus disse a Filipe: "Onde poderemos encontrar pão para alimentar todo esse povo?". A pergunta foi apenas um teste, porque Jesus já tinha em mente aquilo que ia fazer.

João 6, 5-6

Divulgação

Não é preciso exagerar, mas se esconder não será a solução.

Sei que precisamos fazer com que nosso trabalho seja conhecido e apreciado. Tenho alguns colegas que fazem isso de modo até exagerado, apregoando suas realizações a qualquer momento e por qualquer motivo. Eu, pelo contrário, sempre fui calado, não gosto de ficar falando de mim mesmo e me sinto até meio envergonhado ao afirmar que fiz algo bem-feito. Devo mudar meu modo de agir?

Ninguém que deseje se tornar uma figura conhecida age em segredo. Se você está fazendo coisas boas, mostre-se ao mundo.

João 7, 4

Aparências

Não limite sua conclusão apenas à superfície.

Tenho um colega de trabalho que se veste mal e tem uma dificuldade enorme para explicar até mesmo as coisas mais simples. Lamento confessar que não tenho paciência para ouvi-lo, não só porque ele é enrolado, mas também porque ele não aparenta ter muito conhecimento. Se tivesse, no mínimo ele aprenderia a se vestir melhor.

Não julgue pelas aparências. Em vez disso, faça um julgamento correto.

João 7, 24

Abnegação

Concentre-se nos resultados, e o esforço parecerá menor.

Sou esforçada e trabalho com dedicação, mas minha função exige que eu passe longas horas em pé. Ao final do dia, minhas costas e meus pés estão doloridos. Eu poderia até procurar outro emprego, mais confortável, e só não fiz isso ainda porque tenho um salário relativamente bom. Meus amigos me dizem que estou reclamando de barriga cheia, mas eles não têm ideia das exigências físicas de meu trabalho. Não sei se estou exagerando, mas sinto como se estivesse tendo um filho por dia.

Uma mulher sente dor ao dar à luz uma criança, porque essa é a natureza daquele momento. Mas, quando seu bebê nasce, ela esquece toda a aflição sentida, pelo prazer de uma criança ter vindo ao mundo.

João 16, 21

Aspereza

O modo como se fala incrementa ou deprecia aquilo que se fala.

Tenho uma maneira de falar que as pessoas interpretam como arrogante, mas não é nada disso. Meu tom de voz é normalmente alto, e sou bastante sincero. Falo o que penso, sem me preocupar em ficar agradando a quem me ouve. Percebo que a maioria presta atenção mais ao modo como me expresso do que ao conteúdo do que estou dizendo. Quem está errado?

Uma resposta suave afasta a indignação, mas a palavra áspera fomenta a irritação.

Provérbios 15, 1

Consciência

Não atribua todos os problemas somente aos outros.

Só passei por experiências negativas nos quatro empregos que tive em meus primeiros três anos de vida profissional. Por razões que me foram explicadas, mas com as quais não concordei, fui dispensada de todos eles. Minha conclusão é que empresas são antros de hipócritas, com colegas invejosos e chefes carreiristas e desonestos. Preciso trabalhar, mas já me convenci que não vou encontrar empresas diferentes das que conheci até agora. O que faço para não ser despedida mais uma vez?

Afaste de si mesma toda a amargura, raiva, irritações, queixas e difamações, juntamente com tanto rancor.

Efésios 4, 31

Ultraje

Não se desgaste discutindo com quem não merece ouvir suas razões.

Sou uma pessoa racional. Nunca levanto a voz. Quando alguém manifesta uma opinião diferente da minha, ouço os seus argumentos sem interrompê-lo e procuro pesar o que ouvi. Mas já percebi que essa minha maneira educada passa para alguns colegas a impressão de que sou frouxo e que posso ser dobrado com gargalhadas ou gritarias. Devo continuar tentando me comunicar com gente que confunde educação com fraqueza?

Se um sábio tiver uma discussão com um tolo, poderá esperar apenas risadas ou acessos de fúria sem fim.

Provérbios 29, 9

Inveja

Não se deixe melindrar pela cobiça alheia.

Tenho uma colega invejosa. Muito invejosa. Embora em gestos e palavras ela tente se comportar normalmente, seus olhos não escondem a carga de inveja que carrega. A maneira de ela se comportar me incomoda, mas já entendi que tentar mudá-la só irá me trazer problemas. Por que existem pessoas assim, que querem aparentar ser uma coisa quando claramente são o contrário?

Um coração sereno traz vida ao corpo, mas a inveja apodrece os ossos. Evitemos a presunção vazia que nos faz provocar ou invejar uns aos outros.

Provérbios 14, 30
Gálatas 5, 26

Competição

Cuidado para não se convencer de que o errado é certo.

A empresa na qual trabalho incentiva a competição entre funcionários. Não tenho nada contra esse processo, mas percebo que aos poucos o ambiente vem se transformando em um campo de batalha. Alguns sonegam informações que poderiam ser úteis a outros, e já está ficando difícil saber quem está falando a verdade e quem está mentindo. Os dirigentes da empresa afirmam que essa é a maneira moderna de administrar, porque o confronto aberto traz resultados práticos. É isso mesmo?

Onde existem inveja e ambição egoísta, haverá desordem e artifícios torpes.

Tiago 3, 16

Empatia

Estudar é necessário, mas o conhecimento sem compreensão se torna vazio.

Que recursos um profissional pode e deve usar para se destacar em meio à multidão de profissionais cada vez mais preocupados em aprimorar seus conhecimentos?

O saber traz a soberba; o amor edifica.

1 Coríntios 8, 1

Falsidade

O dissimulado prega o contrário do que realmente quer.

Temos um colega cujo comportamento me causa certa preocupação. Ele vive repetindo que deseja melhorar a convivência geral para criar um ótimo ambiente de trabalho. Fala bonito, usa palavras rebuscadas e está sempre pedindo a opinião de cada um de nós sobre os demais colegas. Posso ser meio burrinha, mas me parece que ele está jogando uns contra os outros para depois poder se beneficiar dos conflitos que ele mesmo cria. Será que estou muito enganada?

Ele está inchado pela própria vaidade. Tem uma doentia ânsia de gerar controvérsias e disputas que somente produzirão inveja, discórdia, calúnias e suspeitas.

1 Timóteo 6, 4

Firmeza

A prosperidade virá para todos, mas para alguns poderá demorar um pouco mais.

Já faz algum tempo que minha vida profissional não evolui. Faço o que precisa ser feito para progredir. Dedico-me a meu trabalho. Estudo quando o tempo e as condições me permitem. Leio bastante para me manter atualizado. Porém, nada disso me fez ainda dar um salto na carreira. Não quero me desanimar, mas me sinto meio desestimulado por ver que todos os meus esforços ainda não resultaram em progresso.

Eu sei dos planos que tenho para vocês, disse o Senhor. Planos para fazê-los prosperar, e não para prejudicá-los, planos para lhes dar esperanças e um futuro.

Jeremias 29, 11

Preguiça

Seja compreensivo, mas só até certo ponto.

Tenho um irmão mais novo que abomina o trabalho. Ele afirma que trabalhar só serve para enriquecer os outros. Há anos, ele passa o tempo apenas estudando e fazendo planos, mas ainda não colocou nenhum deles em prática, e não acredito que venha a colocar. Não sei bem o que fazer para estimulá-lo a ser um pouco menos intolerante com o mercado de trabalho. Eu trabalho há anos e não tenho queixas.

Se alguém não estiver disposto a trabalhar, que fique sem comida.

2 Tessalonicenses 3, 10

Esperança

O importante não é de onde você parte, mas aonde pode chegar.

Tenho um emprego muito humilde, que só requer força física e praticamente nenhum uso de inteligência. Não reclamo, foi o que pude conseguir, pois não tive condições familiares para me preparar melhor. Agora, além de pegar no pesado, voltei a estudar. Sinto-me um pouco diminuído em relação a meus colegas de classe, que têm empregos melhores que o meu, mas vou levando. Um dia chego lá.

As tribulações nos alegram porque nos tornam resistentes. A resistência nos dá o caráter. E o caráter produz a esperança.

Romanos 5, 3-4

Confissão

Tentar esconder um erro trará mais problemas do que confessá-lo.

Muito raramente cometo erros em meu trabalho. Nos últimos dois anos, não havia cometido nenhum, porque procuro me concentrar e reviso a tarefa depois de completá-la. Porém, como ninguém é perfeito, cometi um erro que, se for descoberto, poderá trazer um razoável prejuízo para a empresa. Não acredito que o erro possa ser encontrado, a não ser que alguém procure especificamente por ele. Estaria eu cometendo um erro ainda pior ao deixar que o primeiro não seja exposto?

Quem encobre as suas transgressões não irá prosperar; será perdoado quem as confessa e a elas renuncia.

Provérbios 28, 13

Fé

Acredite, mas não deixe de fazer o melhor que puder.

Tenho muita fé no Senhor e acredito que Ele me protegerá em todos os momentos em que eu estiver trabalhando.

Uma pessoa é justificada por suas obras, e não somente por sua fé. Se não for acompanhada por obras, a fé é morta em si mesma.

Tiago 2, 17 e 24

Salário

Polemizar pode até ajudar, mas especializar-se ajuda mais.

Vejo pessoas que trabalham menos horas do que eu, esforçam-se menos do que me esforço e ganham mais do que ganho, porque têm tarefas que só requerem ginástica mental. Não sou contra estudos e diplomas, mas não seria mais justo se o salário levasse um pouco mais em consideração o esforço pessoal para realizar as tarefas?

Aquele que planta e aquele que irriga têm um só propósito e serão compensados de acordo com o trabalho que executam.

1 Coríntios 3, 8

Estudos

Quem não se atualiza fica para trás.

O físico Isaac Newton disse: "Tudo o que sabemos é uma gota; tudo o que não sabemos, um oceano". Por isso, pergunto: vale mesmo a pena estudar tanto nesta vida, se o que vamos conseguir aprender é praticamente nada?

Não enganem a si mesmos. Se algum de vocês pensa ser sábio pelos padrões deste tempo, deve voltar a se sentir ignorante para que possa adquirir mais sabedoria.

1 Coríntios 3, 18

Eliminação

Ser mais talentoso não dá a ninguém o direito de ser perverso.

Uma questão está dividindo nosso grupo de trabalho. Um de nossos colegas é brilhante intelectualmente. Qualquer tarefa parece fácil para ele. Nós o respeitamos por esse talento e até sentimos uma pontinha de despeito por não sermos como ele. Por outro lado, esse colega é malicioso. Inventa histórias, semeia discórdia, conta mentiras e se diverte com as confusões que causa. Parte do grupo acredita que devemos tolerar essas deficiências pelo que o colega acrescenta ao trabalho. Outra parte acredita que a harmonia do grupo deve ser preservada, mesmo que o melhor dentre nós, do ponto de vista técnico, tenha que ser demitido. Como deveríamos agir?

Expulsem a pessoa maligna da convivência com vocês.

1 Coríntios 5, 13

Determinação

Não basta ter talento, é preciso querer vencer.

Meu chefe me chamou na sala dele e me disse que tenho capacidade, mas que não demonstro vontade suficiente para competir com colegas menos capacitados do que eu. Saí da sala satisfeito com o elogio, mas muito chateado com a crítica. Se tenho capacidade, como ele mesmo afirmou, por que preciso ficar demonstrando que sou esforçado?

Em uma corrida, todos os competidores correm, mas só um ganha o prêmio. Corra para vencer.

1 Coríntios 9, 24

Desconforto

Seja humilde, mas não aceite ser passado para trás.

Meu patrão sempre pagou meu salário em dia, e sempre fui grato a ele. Agora, a firma passa por uma situação difícil e meu salário vem atrasando e me criando problemas em casa. Tento ser compreensivo com meu patrão porque ele sempre foi compreensivo comigo, mas amigos meus me dizem que estou sendo humilde demais. Eles dizem que meu patrão nunca foi generoso, que estava apenas cumprindo o que a lei determina, e agora está descumprindo a lei, por isso devo reagir e reclamar.

Para quem trabalha, o salário não é concedido como um presente, mas estabelecido como uma obrigação.

Romanos 4, 4

Natureza

Os maus sempre existiram e sempre existirão.

Mas são minoria.

Comecei a trabalhar faz três anos e, desde então, já mudei de emprego quatro vezes. Minha carreira nômade tem a ver com algo que encontrei nas empresas pelas quais passei. Pessoas querendo prejudicar umas às outras e superiores que só pensam em si mesmos em vez de tentar se livrar das maçãs podres que corroem o ambiente de trabalho. Hoje me vejo tentada a mudar novamente, mas fico me perguntando: vou sempre encontrar gente mal-intencionada, não importa para onde eu for?

Encontrei esta lei no trabalho: embora eu queira fazer o bem, o mal sempre estará bem ali, a meu lado.

Romanos 7, 21

Indispensável

Entenda desde o começo a sua posição e as suas responsabilidades.

Devido a uma crise, a empresa em que trabalho dispensou parte dos funcionários antigos e contratou outros, mais jovens e inexperientes. Eu fui um dos contratados. Quando tomei conhecimento do ocorrido, minha primeira reação foi de tristeza pelos que perderam o emprego. Mas alguns colegas que foram contratados junto comigo enxergam a situação de outra maneira. Eles afirmam que devemos ficar felizes, porque a empresa reconheceu que precisava de pessoas mais jovens, que representassem o futuro. Por isso, dizem eles, nós seremos indispensáveis por muito tempo. Isso é mesmo verdade?

Se alguns galhos de uma oliveira foram quebrados, e você, mesmo sendo galho de zambujeiro, incapaz de dar frutos, foi enxertado no meio dos que ficaram e agora compartilha da seiva, não se considere superior aos outros. Caso esteja se considerando assim, entenda que não são os galhos que suportam a raiz, mas é a raiz que suporta os galhos.

Romanos 11, 17-18

Ambição

Não é preciso ter um cargo para ser bom.

Não sei se estou menosprezando minhas próprias competências, mas não tenho a mínima vontade de me tornar chefe algum dia. Não gosto de mandar nos outros, por isso acredito que não seria um bom chefe. Quando eu disse isso a meu superior, ele me falou que não tenho ambição e que sem ambição eu não chegaria a lugar nenhum. Fiquei preocupado. Querer ser chefe é mesmo tão importante assim, ou quem não quer também pode ter uma carreira bem-sucedida?

Nós temos diferentes dons, de acordo com a graça que nos é concedida. Se o seu dom for o de servir, sirva. Se for o de ensinar, ensine. Se for o de encorajar, encoraje. Se for o de ajudar, ajude generosamente. Se for o de liderar, lidere com empenho. Se for o de ser piedoso, dedique-se a ele com alegria.

Romanos 12, 6-8

Promoção

Ser chefe é saber respeitar para ser respeitado.

Graças ao bom desempenho demonstrado, recebi minha primeira promoção. Tornei-me encarregado de um setor, com cinco subordinados. Ao me promover, meu superior me deu duas recomendações: manter a disciplina no setor e apresentar bons resultados. Nada mais, segundo ele. Ser chefe é só isso mesmo?

Tenham os mesmos sentimentos uns para com os outros. Não sejam altivos, convivam com os humildes. Não sejam sábios a seus próprios olhos.

Romanos 12, 16

Intriga

A volta será inevitável.

Trabalho com uma pessoa que espalha rumores falsos sobre todos os colegas. São boatos maldosos cujo único propósito é prejudicar os outros. Não entendo como a empresa mantém alguém assim em seu quadro.

Todos aqueles que aram a iniquidade e semeiam problemas acabarão por colher o que plantaram.

Jó 4, 8

Apoio

Você nunca estará sozinho.

Gostaria de solicitar um aumento de ordenado, e acredito possuir motivos mais do que suficientes para merecer um reajuste. Já tenho dois anos de casa, nunca fui advertido, tenho um bom relacionamento com todo mundo, e meus resultados sempre têm superado as metas que me são passadas. A questão é que meu chefe me assusta um pouco. Ele é seco, nunca sorri e gosta de demonstrar sua autoridade respondendo "não" a qualquer pedido. Embora eu confie em meus argumentos, não estou muito confiante para ir falar com ele.

Moisés disse ao Senhor: "Quem sou eu para ir à presença do faraó e demandar a retirada de nosso povo do Egito?". E o Senhor respondeu: "Eu estarei com você".

Êxodo 3, 11-12

Beleza

Sem exageros.

Trabalho em um escritório onde todo mundo se veste melhor do que eu. Muito melhor. Minhas colegas gastam o ordenado inteiro para comprar roupas de marcas famosas, sapatos caros e bolsas caríssimas. Perto delas, fico parecendo uma indigente, com meus trajes adequados porém simples. Nenhum de meus superiores me sugeriu até agora que eu deveria investir mais em meu vestuário, e espero que não venham a sugerir. Tento compensar minha apresentação pessoal com bons resultados, mas quando olho para uma colega toda produzida fico em dúvida se somente minha eficiência será suficiente para manter meu emprego.

Sua beleza não deve vir de adornos externos, como penteados elaborados, joias e roupas finas. Em vez disso, ela deve vir de dentro de você. A beleza constante de um espírito suave e tranquilo tem muito mais valia aos olhos do Senhor.

1 Pedro 3, 3-4

Mentirosos

Não tente consertar o que não tem conserto.

Trabalho com uma colega que é mentirosa. Como meu trabalho depende do dela, acabo tendo que trabalhar por mim e por ela, porque ela chega costumeiramente atrasada ao serviço. O problema são as mentiras que ela inventa para se justificar, uma mais absurda do que a outra. Já lhe mostrei mais de uma vez que sei que está mentindo, e ela reagiu dizendo-se arrependida e prometendo não mentir mais, mas no dia seguinte apareceu com outra mentira maior ainda. Juro que não entendo por que ela age assim.

Uma porca lavada volta a chafurdar na lama.

2 Pedro 2, 22

Justiça

Julgue o fato, não a pessoa.

Sou supervisora e tenho quatro subordinados, sendo um muito pobre e humilde, que se sacrificou para poder estudar, enquanto os outros vieram de famílias com posses. Em termos de trabalho, o subordinado pobre é menos eficiente, comete mais erros e tem maior dificuldade para aprender. Tento não me deixar influenciar pelas aparências, mas não consigo ser severa com quem já teve que enfrentar tantas turbulências na vida.

Não desvirtue a justiça. Não mostre parcialidade pelo pobre, nem favoritismo pelo nobre. Julgue com a razão.

Levítico 19, 15

Ingratidão

Seja cuidadosa com os favores.

Estou pasma. Uma conhecida me implorou que eu a recomendasse para uma vaga na empresa na qual trabalho. Embora ela não fosse uma pessoa que eu tivesse em alta estima, decidi fazer uma boa ação e a indiquei. Ela foi contratada, e já nos primeiros dias espalhou uma série de histórias falsas a meu respeito. Estou chocada com tanta crueldade de alguém a quem prestei uma ajuda.

Não jogue suas pérolas aos porcos. Eles irão esmagá-las com as patas.

Mateus 7, 6

Timidez

Faça um esforço para superar seus receios.

Sempre fui introvertido. Nunca tive coragem de solicitar que outros me ajudassem. Mas já li muitas vezes que no mercado de trabalho é importante conhecer pessoas que possam nos auxiliar quando precisamos. No momento, estou precisando. Muito. Sei que minha única saída será eu conseguir superar minha timidez. Por gentileza, diga-me alguma coisa que possa me dar uma força para eu começar a me mexer.

Peça, e lhe será concedido. Procure, e você encontrará. Bata à porta, e ela será aberta para você. Quem pedir receberá, quem procurar achará, e quem bater verá a porta se abrir.

Mateus 7, 7-8

Brigas

Não se meta onde não for preciso.

Vi dois colegas de trabalho discutindo sobre um tema fútil, tanto que nem consigo me lembrar qual era. O que me lembro é que o assunto não parecia requerer a veemência com que os dois discutiam, sem contar os palavrões. Tentei consertar a situação propondo um intervalo para que os dois se acalmassem, mas um deles imediatamente solicitou minha opinião sobre o assunto em discussão. Desculpei-me dizendo que não tinha tempo, e os dois se voltaram contra mim, acusando-me de ser intrometido. Depois daquilo, decidi nunca mais ser juiz das encrencas alheias. Fiz certo?

Não se envolva em discussões estúpidas e tolas, porque você bem sabe que elas só provocam desavenças.

2 Timóteo 2, 23

Liderança

Poucas regras, muita responsabilidade.

Estou para ser promovido a um cargo de liderança. O que a empresa esperará de mim?

Advirta os indolentes e os criadores de caso. Incentive os desmotivados. Auxilie os mais fracos. Seja paciente com todos.

1 Tessalonicenses 5, 14

Obrigações

As leis devem mudar quando deixam de atender às necessidades que as geraram.

A empresa na qual trabalho tem uma série de normas internas que ficaram ultrapassadas. Uma delas estabelece que um funcionário, para ser promovido pela primeira vez, precisa ter completado cinco anos de casa. Com as mudanças recentes no mercado de trabalho, essa norma vem se tornando praticamente irreal. Em uma conversa com meu chefe, sugeri que ele propusesse uma revisão, mas ele me censurou, afirmando que as normas representavam os alicerces sobre os quais a empresa foi levantada.

O regulamento antigo é revogado por ser fraco ou inútil.

Hebreus 7, 18

Corrupção

Nunca aceite que o errado possa ser a regra e o certo, a exceção.

Aqui na empresa, todos os dias gasta-se um bom tempo comentando casos de desonestidade e corrupção que aparecem nos noticiários. E alguns de meus colegas ainda dizem: "Eles é que estão certos...". É triste, mas a gente vê tanta coisa errada, tanta gente enriquecendo ilicitamente e permanecendo impune, tantos corruptos dando desculpas esfarrapadas que os honestos começam a ser chamados de bobos ou ingênuos.

Não se aborreça por aqueles que são perversos, nem inveje os malfeitores. Porque, assim como a grama, eles em breve murcharão e, como o capim, que um dia foi verde, secarão. É melhor ter o pouco que o honesto tem do que a riqueza do imoral, porque o poder do imoral se desvanecerá, mas o Senhor sustentará o honesto.

Salmos 37, 1-2, 16-17

Proporção

Olhe com critério para si mesmo antes de condenar os outros.

Não gosto de trabalhar com gente que fala muito, quer aparecer demais, aumenta o mérito que possui e menciona coisas que ainda não fez como se já tivesse feito. Infelizmente, tenho que conviver com muitos colegas desse tipo em meu trabalho.

Da mesma maneira que você julga os outros, você será julgado. E eles medirão você com a mesma medida que você usa para medi-los.

Mateus 7, 2

Artifício

Toda mentira um dia acabará sendo descoberta.

Não consegui concluir meus estudos, e por isso meu currículo é rejeitado quando participo de processos seletivos. Alguns amigos, em igual situação, têm usado o artifício de mencionar o curso iniciado e interrompido como se ele tivesse sido concluído. Depois, dizem, se alguém descobrir, eles explicam que foi um engano honesto. Não quero lançar mão de mentiras, mas vejo que esses amigos conseguem ser chamados para entrevistas de emprego e eu, não.

Aquilo que for conseguido por uma língua mentirosa será uma fumaça passageira e uma armadilha fatal.

Provérbios 21, 6

Exposição

Sempre que puder contribuir com seu conhecimento, não se cale.

Sempre fui um pouco envergonhada. Desde os tempos de escola, quando o professor fazia uma pergunta para a classe e eu sabia responder, ficava calada e via outra aluna ser elogiada por ter dado a resposta correta. Continuo a agir assim em meu trabalho, permanecendo calada quando poderia dizer alguma coisa. Sou discreta, não gosto de me sobressair, mas começo a sentir que pessoas até menos capacitadas do que eu estão conseguindo melhores oportunidades. Só porque elas falam, mesmo quando não têm certeza daquilo que estão dizendo.

Porventura, a lâmpada é colocada numa cesta ou embaixo da cama? Em vez disso, você não a coloca sobre a mesa?

Marcos 4, 21

Compensação

Uma coisa por vez, para que a mensagem fique bem clara.

Aprendi uma coisa com um chefe que tive. Quando elogiava algo bem-feito por um subordinado, ele terminava acrescentando uma crítica por algo malfeito. Assim, o chefe um dia me explicou, o subordinado sempre manteria os pés no chão. Por outro lado, quando repreendia um subordinado, aquele chefe acrescentava um pequeno elogio, para amenizar o efeito negativo da crítica. Como espero um dia também chegar a um cargo de chefia, pergunto se esse sistema de bate-e-assopra é indicado.

Da mesma boca, vêm um louvor e uma praga. Não deveria ser assim. Podem a água fresca e a água salgada fluir da mesma fonte?

Tiago 3, 10-12

Controle

Não estrague o conjunto de sua obra com uma palavra impensada.

Reconheço que tenho um pequeno defeito. Não gosto de ser criticado. Quando sou, reajo dizendo a primeira coisa que me vem à cabeça. O que me incomoda é que meus colegas de trabalho sempre se lembram muito bem das pequenas bobagens que falei e parecem se esquecer de todas as contribuições positivas que sempre dei.

Assim como as moscas mortas estragam o perfume com seu mau odor, também uma pequena insensatez prevalece sobre a sabedoria e a dignidade.

Eclesiastes 10, 1

Moderação

O bom senso é sempre mais recomendável do que as opções radicais.

No aspecto comportamental, o que é mais funcional para a ascensão de cargo: a crítica franca ou a bajulação?

Faça com que sua moderação seja conhecida por todos.

Filipenses 4, 5

Nostalgia

Em vez de tentar reviver o que foi, é mais sensato acompanhar o que é.

Trabalho há mais de trinta anos e fico desconsolado ao ver como as novas gerações têm um comportamento totalmente diferente em relação ao emprego. Os jovens entram em uma empresa já pensando em sair ou em ser promovidos antes mesmo de saberem onde fica o banheiro. E, quando me disponho a dar-lhes algum conselho, eles me respondem que os tempos mudaram. Posso estar enganado, mas em minha opinião os tempos mudaram para pior.

Esqueça os hábitos antigos. Não continue a viver no passado.

Isaías 43, 18

Perigo

Más companhias não carregam esse nome por acaso.

Em meu setor temos um colega que todos evitam. Isso porque, fora da empresa, esse colega tem uma atividade ilegal. Eu procuro separar as coisas. Se o que ele faz fora da empresa não me afeta, não me preocupo e mantenho um bom relacionamento com ele.

Não se deixe enganar. Companhias ruins arruínam bons costumes.

1 Coríntios 15, 33

Disciplina

Não falhe com um, para não perder o respeito de todos.

Sou encarregado de uma seção. Um de meus subordinados, embora seja excelente do ponto de vista técnico, tem a boca suja e não me respeita como deveria. Vários de meus outros subordinados já me perguntaram por que mantenho uma pessoa assim na empresa, e tento explicar que ainda tenho esperanças de que o mal-educado mude sua conduta. Só não sei até quando conseguirei esperar por essa mudança.

Os subordinados devem se submeter em tudo a seus chefes. Tentar contentá-los, não responder com desrespeito e não roubá-los, mas sempre mostrar que merecem inteira confiança. Estimule-os e repreenda-os com toda a sua autoridade. Não permita que alguém o menospreze.

Tito 2, 9-10, 15

Insolência

Evite se empolgar com o próprio conhecimento no momento errado.

Comecei a frequentar um curso de aperfeiçoamento profissional, e nele aprendi termos em inglês. Em uma reunião na empresa usei um desses termos, e meu chefe, que não fala uma palavra em inglês, ficou com aquela cara de perdidão. Expliquei o que o termo significava e como ele se encaixava no assunto que estava sendo tratado. Depois da reunião, meu chefe me chamou e me ordenou que nunca mais fizesse isso. Essa não foi uma demonstração dupla de burrice da parte dele?

Se você tivesse ficado calado, teria mostrado ser sábio.

Jó 13, 5

Exaltação

Saiba suas qualificações, mas não se apresse em divulgá-las.

A fábrica em que trabalho selecionou alguns funcionários para participar de um curso interno para futuros líderes, e fui um dos selecionados. A primeira aula foi sobre ética. Quando o monitor pediu que déssemos exemplos de ética, levantei a mão e afirmei que fazia tudo com ética. Imediatamente, outros participantes começaram a questionar minha afirmação, como se duvidassem dela, e o monitor precisou intervir para sossegar os ânimos. Não entendi até agora por que a reação geral foi tão negativa.

Qualquer um que exalte a si mesmo será humilhado, e o que se mostrar humilde será exaltado.

Mateus 23, 12

Organograma

O moderno sistema de comando é bem mais antigo do que parece.

Não entendo bem a lógica da hierarquia. Tenho um supervisor que é subordinado a um encarregado, que é subordinado a um gerente, que é subordinado a um diretor, que se reporta ao presidente. Parece-me que é muita gente para fazer uma ordem sair lá de cima e chegar aqui embaixo. Essa escadinha de chefia é uma invenção recente ou sempre foi assim?

Moisés escolheu homens capazes de toda Israel e fez deles cabeças sobre o povo, chefes de mil, de cem, de cinquenta e de dez.

Êxodo 18, 25

Emprego

Só troque de emprego se a proposta for muito boa; não mude só por mudar.

Comecei a trabalhar faz quatro anos e já estou em meu sétimo emprego. Não fico muito tempo em uma empresa porque acredito que as mudanças agregam experiências que me serão úteis no futuro. Minha dúvida é: até quando devo continuar mudando, uma vez que continuo ganhando mais ou menos o que ganhava quando comecei?

Permaneça na mesma casa, comendo e bebendo o que lhe é provido, porque o trabalhador é merecedor de seu pagamento. Não fique indo de casa em casa.

Lucas 10, 7

Pressão

Conforme-se com as pressões domésticas, porque já foi bem pior.

Tenho 24 anos e ainda não comecei a trabalhar. Também deixei os estudos de lado por um tempo, porque não consegui decidir qual curso seria melhor para mim. Meus pais ficam me pressionando para que eu arrume um emprego, qualquer emprego, mas só pretendo entrar no mercado de trabalho quando estiver bem preparado. Meus pais não entendem que a pressão deles somente me deixa mais perturbado e mais estressado do que já estou.

(Os seus pais) devem dizer aos decanos da cidade: "Este nosso filho é teimoso e rebelde. Ele não obedece à nossa voz. É glutão e beberrão". Então todos os homens da cidade devem apedrejá-lo até a morte, para que o mal seja erradicado do seio da comunidade.

Deuteronômio 21, 19-21

Divergências

Guarde para si suas opiniões até descobrir quem irá querer ouvi-las.

Comecei em meu primeiro emprego, em um grande escritório, e já tive a primeira surpresa desagradável. Sempre gostei de dar minhas opiniões e sugestões sobre tudo: moda, alimentação, viagens, essas coisas. Porém, esse meu jeito de ser, que era apreciado em família e na escola, está sendo muito mal recebido no trabalho. Algumas de minhas colegas até já me disseram para cuidar de minha própria vida. O mundo profissional é assim mesmo, tão chato?

Acolha bem a quem for fraco na fé, mas não discuta sobre opiniões. Uma pessoa acredita que pode comer de tudo, enquanto outra, mais fraca, come apenas vegetais. O que come à vontade não deve menosprezar o que se abstém, nem este deve julgar aquele, porque para o Senhor todos são bem-vindos.

Romanos 14, 1-3

Comportamento

A fé é mútua e grande, mas o chefe é o chefe.

Meu novo chefe frequenta a mesma igreja que eu, mas no trabalho não conversa sobre nada que não seja estritamente profissional e me pediu para fazer o mesmo. Fiquei meio surpreso, porque já tive chefes com quem podia falar abertamente sobre a fé que nos une.

Aqueles que tiverem senhores da mesma crença não devem por isso respeitá-los menos, com o argumento de que são irmãos. Ao contrário, devem servi-los ainda melhor, pois os que se beneficiam de seus bons serviços são fiéis e amados. Ensine e insista nesse ponto.

1 Timóteo 6, 2

Foco

Trabalhe mais e fale menos.

Fui advertido por falar demais durante o expediente. Não creio que o fato de eu gostar de conversar prejudique meu trabalho ou o de meus colegas. Meu supervisor foi intolerante? A atitude dele pode ser classificada como assédio moral?

O trabalho árduo gera lucro, mas o falatório conduz à penúria.

Provérbios 14, 23

Comedimento

Queira mais, mas não despreze o que lhe é concedido.

Comparando a empresa em que trabalho com outras que conheço, percebo que não temos benefícios além daqueles que a lei determina. Recebemos apenas o que é obrigatório, nada além disso. Gosto do ambiente daqui, todo mundo se dá bem, mas o patrão não poderia fazer mais por nós? Ele não está sendo mesquinho?

É melhor uma porção de vegetais servida com amor do que uma carne gorda acompanhada de ódio.

Provérbios 15, 17

Sofreguidão

Antes de colher, é preciso plantar e cuidar.

Meu desejo é chegar a um cargo de direção na empresa em que trabalho. Estou aqui faz cinco meses, e minhas tarefas até agora têm sido rotineiras, fáceis de executar. Já solicitei a meu superior que me dê coisas mais desafiadoras para fazer, e ele me respondeu que preciso aprender a caminhar antes de querer dar pulos. Achei a resposta dele muito mal-educada.

Os planos do diligente o conduzirão à abundância, mas o apressado sempre acaba na miséria. Prepare o terreno, semeie o campo e só depois construa sua casa.

Provérbios 21, 5 e 24, 27

Jactância

Pior que ficar contando vantagens, é contá-las pelo que não foi feito.

Nossa empresa é pequena, mas tem como um de seus pilares a responsabilidade social. Levamos isso a sério, eventualmente visitamos creches e asilos, mas não ficamos apregoando isso o tempo todo. Temos, entretanto, um colega que faz o contrário. Para se mostrar à chefia, ele fica mencionando doações que faz para instituições. Sabemos que ele exagera bastante em suas histórias, mas preocupa-nos o fato de ele ser elogiado por suas obras inexistentes.

Como nuvens e ventos sem chuva, assim é aquele que fica se gabando dos presentes que nunca deu.

Provérbios 25, 14

Contatos

Cultive relacionamentos com quem está próximo de você.

Tenho alguns parentes que estão bem empregados e que poderiam me ajudar a conseguir um emprego melhor, mas nossa família nunca foi muito unida e tenho receio de pedir um favor a parentes que mal conheço. Devo me arriscar a pedir mesmo assim?

Não abandone um amigo seu ou de seus pais. E não vá à casa de parentes quando a adversidade o atingir. É melhor um vizinho perto do que um parente longe.

Provérbios 27, 10

Devaneio

Mire as estrelas, mas não tire os pés no chão.

Tenho planos de concluir meus estudos, depois fazer um bom curso de pós-graduação e em seguida passar uma temporada no exterior para aprimorar minha fluência em um idioma. Acredito que tudo isso me dará a possibilidade de chegar a um bom cargo de gestão em uma grande empresa antes dos 25 anos, que é o que ambiciono.

Quem lavrar a sua terra terá alimento farto, mas quem perseguir fantasias terá sua provisão de miséria.

Provérbios 28, 19

Choque

Déspotas que desprezam seus colaboradores não terão vida longa.

Tínhamos um chefe muito bom e compreensivo. Nossos resultados sempre foram apreciáveis, mas a empresa decidiu que eles poderiam melhorar ainda mais e substituiu nosso chefe por outro. Nós nos assustamos assim que ele chegou. Boquirroto, autoritário, avesso ao diálogo. Alguns colegas já pediram a conta, e outros estão em vias de sair também. Os resultados continuam iguais, mas vir trabalhar tornou-se um sacrifício. Será que vale mesmo a pena uma empresa trocar um bom ambiente por um regime de terror?

Quando o perverso assume o poder, o povo se retrai. Mas os justos prosperam quando o perverso sucumbe.

Provérbios 28, 28

Visão

O bom líder sabe aproveitar as melhores características de seus subordinados.

Tenho uma equipe de doze funcionários. Nenhum incompetente, mas nenhum excepcional. Cada um é bom em alguma coisa, nenhum é bom em várias coisas. Tento elogiá-los por aquilo que eles sabem fazer e fazem bem-feito, em vez de insistir para que adquiram novas habilidades, porque isso custaria tempo e dinheiro à empresa. Será que estou sendo míope ao fazer tal avaliação?

Quatro criaturas neste mundo são pequenas, porém extremamente sábias. As formigas possuem reduzida força, mas armazenam seu alimento para a próxima estação. Os coelhos, sem serem robustos, cavam suas tocas em penhascos. Os gafanhotos não têm reis, mas avançam ordenadamente em formação. As lagartixas podem ser apanhadas com uma mão, mas vivem em palácios reais.

Provérbios 30, 24-28

Satisfação

Só você pode saber o que o fará feliz.

Não sei se me falta ambição, mas não sinto desejo de ter um cargo alto. Executo tarefas simples em meu trabalho, mas me sinto confortável. Acordo bem-disposto de manhã, durmo tranquilo à noite. Trato todo mundo bem no trabalho e sou bem tratado por todos. Por mais que eu me ponha a imaginar como seria minha vida se eu fosse um gerente, tomando decisões e dando ordens, não consigo me convencer de que possa ou queira ser um.

Nada é melhor para alguém do que ser feliz e fazer o bem enquanto vive. Que cada um possa comer, beber e encontrar prazer em seu trabalho. Esse é um presente do Senhor.

Eclesiastes 3, 12-13

Tecnologia

Acompanhe as mudanças e aprenda a usar o que pode beneficiá-lo.

Confesso que fiquei ultrapassado com essa coisa de computadores. Não entendo quase nada, e a cada dia inventam uma coisa nova. Será que preciso mesmo aprender a ser tecnológico? Sinto-me meio dinossauro quando os jovens começam a me mostrar o que eles sabem fazer, com uma rapidez que me impressiona e me assusta. Para onde é que esses jovens estão conduzindo o mercado de trabalho?

Atenção, porque eles são um só povo, têm uma mesma língua, e isso é só o começo do que eles irão fazer. E nada do que eles se propuserem a fazer será impossível para eles.

Gênesis 11, 6

Recompensa

A falta de retribuição não deve inibir a iniciativa.

Como sou a funcionária com mais tempo de casa, adquiri o hábito de oferecer ajuda quando vejo que um colega está atrapalhado com seu trabalho. Porém isso não vem funcionando em mão dupla, porque muitas vezes eu preciso de auxílio e ninguém se dispõe a me dar uma mão. Não pretendo deixar de colaborar quando posso, mas me sinto triste ao ver como as pessoas estão se tornando cada vez mais individualistas.

Em tudo tenho sempre mostrado a vocês que, por ser árduo o nosso trabalho, precisamos ajudar os mais fracos. E lembrar as palavras do próprio Senhor Jesus, que disse: "É mais abençoado dar do que receber".

Atos 20, 35

Consequências

Se você está certo, não se intimide.

Com o perdão da palavra, tenho alguns colegas de trabalho que não merecem trabalhar aqui. Como nosso chefe se ausenta com frequência, esses colegas imediatamente colocam as tarefas de lado e usam o computador da empresa para trocar mensagens pessoais, assistir a filmes, brincar com jogos e outras coisas bem piores. Não tenho autoridade sobre eles, mas não consigo me segurar e digo que eles não estão sendo honestos com a empresa que lhes paga o salário. Eles me fulminam com o olhar e alguns até me dão a impressão de que pretendem partir para a briga, mas não me deixo intimidar. Estou certo ou devo assumir que nada disso é problema meu?

Ao ouvir essas palavras (que Jesus falou), todo o templo se encheu de ódio. Eles o cercaram e o conduziram para fora da cidade, ao alto do penhasco em que a cidade havia sido construída, para poderem atirá-lo despenhadeiro abaixo. Mas Jesus passou entre eles e se retirou.

Lucas 4, 28-30

Sobressalto

Esteja preparado para os inevitáveis maus momentos.

Durante quase um ano, só tive alegrias em meu trabalho. Não cometi erros, recebi um par de elogios e tudo parecia caminhar bem. Talvez por isso eu tenha começado a imaginar que nada de ruim poderia acontecer, e fui apanhado de surpresa quando aconteceu. Cometi um erro elementar, por pura falta de atenção. Meu superior me chamou a atenção, e daquele dia em diante eu substituí o otimismo pelo receio e a alegria pela preocupação. Não sei se minha reação está sendo exagerada, mas é como me sinto. Muito mal.

Não fiquem surpresos pela provação ardente quando ela os atingir para testá-los, como se algo estranho lhes estivesse acontecendo.

1 Pedro 4, 12

Quadrilha

Não acredite nos poderes paralelos.

A empresa em que trabalho tem panelinhas. São grupos discordando de outros grupos, sem nem sequer ouvir os argumentos. Grupos que estão mais em busca de poder do que do sucesso coletivo. E quem não quer participar de nenhum grupo, como é o meu caso, acaba sendo malvisto por todos eles. Creio que está na hora de eu pedir a conta e escapar das intrigas.

Todo reino dividido contra si mesmo é uma terra arrasada. Toda casa que não se entende desmorona.

Lucas 11, 17

Estratégia

Saiba avaliar suas chances e procurar com antecedência a melhor solução.

Preciso apresentar um projeto na empresa, mas fui informado de que um grupo irá se opor à minha proposta. Tenho o apoio de alguns colegas, mas não creio que será o suficiente. Como posso conseguir que meu projeto não seja criticado e descartado sem que eu tenha tido, pelo menos, a oportunidade de explicá-lo em detalhes? Deveria eu me rebaixar e ir conversar previamente com o grupo da oposição?

Suponha que um rei esteja prestes a entrar em guerra com outro rei. O primeiro rei não se sentaria para considerar se está apto, com dez mil homens, a se opor ao segundo, que está se aproximando com vinte mil? Se não estiver seguro de sua capacidade de se opor, ele enviará uma delegação, enquanto o outro estiver ainda bem distante, para solicitar os termos de um acordo de paz.

Lucas 14, 31-32

Insatisfação

Para quem se preocupa demais, bastante continuará sendo pouco.

Desde meu primeiro emprego, mantenho uma planilha com os salários que recebi. Mensalmente, corrijo os valores pelo índice de inflação para poder manter uma comparação adequada. Considerando que meu primeiro salário foi equivalente a cem, qual seria o mínimo que eu deveria estar ganhando cinco anos depois para ser considerado um profissional bem-sucedido?

Quem ama o dinheiro jamais terá o suficiente. Quem persegue a riqueza nunca estará satisfeito com o que ganha.

Eclesiastes 5, 10

Discernimento

Escolha sua profissão com critério e bom senso.

Perdi muito tempo tentando escolher um curso superior que me desse futuro, e hoje estou consciente de que fiz algumas escolhas erradas. Comecei optando por cursos cujos nomes pudessem impressionar meus amigos, sem me preocupar em pesquisar se esses cursos teriam aceitação no mercado. Finalmente, decidi dar um passo para trás e fiz um curso técnico de eletricista. Estou bem empregado e ganho mais que o suficiente.

Os propósitos do coração do homem são águas profundas. Mas quem tem discernimento conseguirá trazê-los à tona.

Provérbios 20, 5

Sonegação

Não existe meia honestidade.

Tenho um emprego bom. Só há um inconveniente. Meu patrão não recolhe os impostos devidos. Sei disso porque tenho acesso aos livros da empresa. Estou plenamente consciente de que meu patrão incorre em sonegação, mas tento me convencer de que tenho meus princípios e que meu silêncio não me torna conivente com as práticas desonestas da empresa. Ou será que estou me iludindo e alimentando minha família com um dinheiro sujo?

Trabalhe não pela comida, que se estraga, mas pelos frutos, que conduzirão à vida eterna.

João 6, 27

Dedicação

Por que e para quem você trabalha?

Às vezes me pergunto: será que não estou me matando de trabalhar só para enriquecer meia dúzia de pessoas que nem conheço?

Tudo o que você fizer, faça com o coração, como se estivesse trabalhando para o Senhor e não para os homens, e ciente de que sua herança virá Dele.

Colossenses 3, 23-24

Parceiro

Todos os empregos do mundo começaram com o seu.

Tenho um emprego humilde. Cuido das plantas, varro o chão e recolho o lixo. Não me envergonho dele, porque é útil e necessário, mas estou estudando e vou melhorar.

Deus tomou o homem e o colocou no jardim do Éden, para cultivá-lo e dele cuidar.

Gênesis 2, 15

Conveniência

Seja equânime com seus subordinados.

Sou gestor e procuro ser correto no tratamento de meus subordinados. Acontece que um deles é, ao mesmo tempo, o mais brilhante e o mais indisciplinado, o que me leva a ser mais tolerante com ele, por receio de que peça a conta. Alguns subordinados já vieram reclamar comigo dessa suposta proteção, e respondi que eles também terão tratamento diferenciado quando fizerem por merecê-lo. Estou certo em minha avaliação?

Não tenha dois pesos diferentes em sua sacola, um pesado e um leve. Não tenha duas medidas diferentes em sua casa, uma grande e outra pequena. Tenha pesos e medidas exatos e honestos. Dois pesos e duas medidas são ambos abomináveis aos olhos do Senhor.

Deuteronômio 25, 13-15
Provérbios 20, 10

Vergonha

Não devia mais ser assim, mas infelizmente ainda é.

Só tenho uma queixa. Trabalho sem registro em carteira. Por isso, não tenho direito a benefícios como assistência médica e fundo de garantia. Sei que isso no Brasil é uma prática que já vem de bem longe, e lamento que as autoridades permitam que ela continue acontecendo.

Vergonha para quem constrói seu palácio com desonestidade, seus quartos superiores com injustiça, fazendo seu próprio povo trabalhar por nada, não lhe pagando o justo e devido pelo trabalho.

Jeremias 22, 13

Ética

Existe uma medida mínima para a honestidade?

Trabalho em uma empresa muito grande, que tem um patrimônio enorme. Por isso, não me sinto culpado em levar para casa uma caneta. É uma coisa de valor insignificante, que não fará falta nenhuma à empresa, mas que para mim faz diferença. Além disso, o resultado de meu trabalho permite que a empresa compre milhares de canetas.

Quem é fiel no pouco também é fiel no muito; quem for desonesto com pouco também o será com muito.

Lucas 16, 10

Exemplo

Deixe seus opositores sem palavras.

Já li e ouvi que nas empresas os conflitos são úteis porque aumentam a adrenalina e fazem com que um colega queira superar o outro. Li também que esse sistema competitivo cria mais inimigos do que amigos, e pergunto se existe um meio-termo que nos permita ser produtivos sem nos tornar selvagens.

Mostre-se um modelo de trabalhador e demonstre integridade e dignidade em seus ensinamentos. Use palavras sadias que não possam ser condenadas, de maneira que um oponente se envergonhe por não ter nada de ruim para dizer sobre você.

Tito 2, 7-8

Descanso

Qual é o momento de parar?

Comecei a trabalhar aos dezoito anos e já passei dos 55. Oficialmente estou aposentado, mas me sinto em condições de continuar sendo produtivo ainda por muitos anos. Estou trabalhando, mas percebo que os mais jovens me olham como se estivessem perguntando quando finalmente deixarei o lugar para alguém mais moço. Minha dúvida é: existe um momento certo para parar?

E Jesus respondeu a eles: "Meu pai está trabalhando até agora, e eu também trabalho".

João, 5-17

Provação

No começo, tudo parece complicado.

Tenho dezoito anos. Trabalho de dia e estudo de noite. Pego duas conduções para ir de casa ao trabalho, outras duas do trabalho à escola e mais duas da escola para casa. Acordo às 5 horas da manhã e vou dormir depois da meia-noite. Espero que tudo isso traga mesmo os resultados que meus pais me dizem que um dia virão, mas, sinceramente, tem horas em que me dá vontade de sentar e chorar.

Evite a lamentação em sua voz e as lágrimas em seus olhos, porque haverá a devida recompensa por sua provação.

Jeremias 31, 16

Desânimo

São os pequenos problemas que mais nos aborrecem.

Já trabalho há doze anos e não tenho receio de enfrentar grandes problemas. Eles existem em empresas e sempre existirão. O mais difícil para mim é suportar os probleminhas, sendo que a maioria deles existe sem razão. É gente choramingando, reclamando de tudo, inventando desculpas, tentando jogar a culpa nos outros. Não sei se existe solução, estou só desabafando.

É por isso que não desanimamos. Embora nos desgastemos por fora, interiormente estamos sendo renovados a cada dia. Nossos sofrimentos, leves e momentâneos, se acumulam para produzir uma glória eterna que será muito maior que todos eles.

2 Coríntios 4, 16-17

Perseverança

A hora irá chegar.

Não estou tendo sorte na vida profissional. Já tive quatro empregos e perdi todos eles, por motivos variados. Vejo colegas que estudaram comigo e estão se dando bem no trabalho e fico pensando o que há de errado comigo. Eu me esforço, me concentro, não sou mal-educado, respeito os superiores, faço tudo como aprendi que deve ser feito. Deve ser falta de sorte mesmo.

Mesmo que o justo caia sete vezes, ele se levantará. Os perversos é que sempre tropeçarão nas calamidades.

Provérbios 24, 16

Vaidade

Ouça e agradeça os elogios, mas não os utilize para se vangloriar.

Tive uma avaliação de desempenho excelente. Meu superior disse claramente que, se eu continuar a produzir como venho produzindo, terei um futuro brilhante na empresa. Como as avaliações não são divulgadas, pergunto como posso fazer esses elogios chegarem aos ouvidos de meus colegas, não para me gabar, mas para granjear mais respeito.

Não faça nada por ambição egoísta ou por vaidade, mas considere, com humildade, os outros superiores a si mesmo.

Filipenses 2, 3

Impaciência

Não use frases repisadas e vazias para justificar um comportamento.

Depois de quase 25 anos trabalhando na mesma empresa, já não tenho mais um pingo de paciência para ouvir sugestões de jovens que chegam como se já soubessem tudo, mas não têm noção de nada. Creio que isso seja uma ação da própria natureza: quanto mais velhos ficamos, menos paciência temos.

Que os mais idosos sejam sóbrios, sérios, prudentes e sadios. Na fé, na caridade e na paciência.

Tito 2, 2

Começo

Antes de receber tarefas complexas, você será avaliado pela dedicação às fáceis.

Com muito sacrifício, consegui me formar em um curso superior. Meu diploma me ajudou a ser contratado por uma empresa, mas as tarefas que me foram passadas até agora são básicas. Qualquer funcionário com um mínimo de estudo poderia executá-las. Sinto-me depreciado em meus conhecimentos e mal aproveitado pela empresa.

Seja diligente nessas coisas. Dedique-se inteiramente a elas, para que todos possam ver o seu progresso.

1 Timóteo 4, 15

Infâmia

O tempo se encarregará de restabelecer a verdade.

Meu superior cometeu um erro operacional. Em vez de assumir a responsabilidade, ele preferiu procurar um culpado para amenizar sua própria falha. E a culpa recaiu sobre mim, infelizmente. O pior é que um colega, chamado a opinar, falou o que o superior queria ouvir, em vez de dizer a verdade. O resultado é que acabei punido pelo que não fiz, meu superior escapou, e meu colega, que foi conivente por interesse pessoal, acabou se beneficiando por ter mentido.

Um testemunho falso não ficará sem punição, e aqueles que respiram mentiras irão perecer.

Provérbios 19, 9

Direção

Não deixe para o fim a primeira coisa a ser feita.

Preciso achar meu rumo profissional. Já tentei várias coisas, e nenhuma deu certo. Faz tempo que estou esperando que alguém me dê uma mão, mas me sinto cada vez mais sozinho. Meus amigos se escondem quando mais preciso deles, e meus parentes dizem que vão me ajudar, mas depois desaparecem.

Aproxime-se de Deus, e Ele se aproximará de você.

Tiago 4, 8

Complemento

Pronto o alicerce, adicione a ele outras qualidades essenciais.

Tenho muita fé, e sei que ela me proporcionará uma vida profissional segura.

Por isso mesmo, esforce-se o quanto puder para suplementar sua fé com a virtude. A virtude, com o conhecimento. O conhecimento, com a paciência. A paciência, com a perseverança. A perseverança, com a piedade. A piedade, com a fraternidade. E a fraternidade, com a caridade.

2 Pedro 1, 5-7

Tesouro

Faça o que fizer, coloque seu coração em suas obras.

Tenho muita vontade de fazer o que gosto, mas já percebi que isso não me traria grandes benefícios financeiros. Meus pais me aconselham a fazer uma faculdade, arrumar um emprego e construir uma carreira tradicional. Não quero contrariá-los, mas a sugestão deles é incompatível com meus sonhos. O que faço: o que me dará dinheiro ou o que me dará prazer?

Onde estiver seu tesouro, ali estará também seu coração.

Mateus 6, 21

Moralidade

Algo errado não se torna aceitável só porque muitos fazem.

Um amigo me convidou para ser sócio dele em um pequeno negócio. Parece-me uma boa oportunidade, mas tenho dúvidas em relação a sua conduta. Ele já insinuou que não devemos registrar nem a empresa nem os possíveis empregados que contratarmos, porque teríamos mais lucro se não pagássemos impostos. Ele afirma que a maioria dos pequenos negócios funciona assim no Brasil, mas começar na ilegalidade e na desonestidade não é algo que bata com meus princípios.

Toda árvore sadia dá bons frutos, mas uma árvore doente dá frutos ruins.

Mateus 7, 17

Abalo

Esteja sempre preparado para o improvável.

Trabalhei três anos em uma empresa. Na última avaliação geral de desempenho, fui classificado como tendo "grande potencial". Um mês depois, fui demitido. Não em função de meu trabalho, mas porque eu tinha um salário um pouco maior que o de meus colegas, e a empresa optou por me substituir por alguém mais barato. Caí das pernas e não consegui recuperar o rumo até agora. Num dia, eu era insubstituível e com um futuro promissor. No outro, estava na rua da amargura.

Permaneça atento e vigilante, porque você não sabe quando seu tempo chegará.

Marcos 13, 33

Prioridades

As qualidades que farão a diferença.

O que seria mais aconselhável para quem está iniciando agora a carreira profissional e tem grandes ambições em relação ao futuro?

Tudo o que for verdadeiro, honrado, justo, puro, amável, elogiável. Se existe excelência, se existem coisas dignas de louvor, pense nelas.

Filipenses 4, 8

Reprimenda

Ouça com atenção opiniões diferentes da sua.

Sei que tenho um par de pequenos defeitos, como todo mundo, mas me surpreendi quando meu chefe me chamou para conversar e me disse que preciso ser mais humilde. Segundo ele, tenho algumas atitudes que me fazem parecer arrogante aos olhos de meus colegas, como interromper quem está falando e apontar com ironia os erros alheios. Eu nunca tinha ouvido nada parecido com isso. Nenhum colega jamais fez qualquer reparo à minha conduta, pelo contrário. Todos me apreciam. Será que meu chefe está me perseguindo?

É melhor ouvir uma reprimenda de um sábio do que escutar o coro dos tolos.

Eclesiastes 7, 5

Amizade

Colegas de trabalho podem até parecer amigos, mas normalmente não são.

Tive uma surpresa muito, muito desagradável. Trabalhei quatro anos em uma empresa e durante todo esse tempo tive a impressão de que todos ali eram meus amigos. Saíamos juntos às vezes, trocávamos mensagens, compartilhávamos confidências. Há seis meses, fui dispensada num corte de pessoal e imaginei que poderia contar com a ajuda de meus ex-colegas para conseguir outro emprego. Estou abalada. A maioria nem responde às minhas mensagens, e os poucos que respondem são evasivos. Que amizade era aquela, que parecia eterna, mas não durou nem um semestre?

Um homem com muitas companhias pode se arruinar, mas sempre há um amigo que estará mais próximo que um irmão.

Provérbios 18, 24

Classificação

Tente ser, continuamente, melhor do que você mesmo.

Trabalho em uma equipe de vendas, e os resultados gerais não têm sido bem o que a empresa esperava, mas, pelo menos, não estou entre os vendedores com pior desempenho.

Quem julga ser alguma coisa, não sendo nada, está enganando a si mesmo. Que cada um teste seu próprio trabalho e nele encontre motivos para se vangloriar, sem precisar se comparar com ninguém.

Gálatas 6, 3-4

Coletividade

Mesmo não gostando de trabalhar em grupo, não se isole completamente.

Não gosto de trabalhar em grupo. Concentro-me melhor e sou mais produtivo trabalhando sozinho. Minha empresa, entretanto, prioriza o trabalho em grupo. Qualquer assunto que apareça, já há uma convocação para uma reunião. Considero isso perda de tempo e desperdício de recursos. Posso dizer a meu chefe que não quero mais participar de grupos?

Sem negligenciar a tradição de se reunir, como tem sido o hábito de alguns, mas sempre procurando encorajar um ao outro.

Hebreus 10, 25

Autoridade

Quem não aprender a obedecer, não conseguirá mandar.

Tenho um probleminha com autoridade. Sempre tive. Não gosto de ser mandado. Quando ouço uma ordem, minha primeira reação é discuti-la. Quase sempre fico com a impressão de que teria tomado uma decisão melhor que meu chefe. Talvez eu tenha nascido para ser chefe, e não para ser chefiado.

Advirta-os para que se sujeitem às autoridades, que sejam obedientes e que estejam prontos para toda boa obra.

Tito 3, 1

Reciprocidade

Observe a regra de ouro da vida, pessoal ou profissional.

Tento conviver civilizadamente com meus colegas de trabalho, mas não consigo me dar bem com alguns deles. A nossa química definitivamente não funciona. Por isso, lamento, mas prefiro ignorá-los, e não mostro o mínimo interesse em compartilhar tarefas com eles. Sei que alguns não gostam, e até se sentem ofendidos, mas isso é problema deles, não meu.

O que você quer que os outros lhe façam, faça também a eles.

Lucas 6, 31

Regulamentos

As normas não são escritas para prejudicar quem é honesto.

Ao começar a trabalhar nesta empresa, esperava que já me passassem as tarefas que eu deveria executar, mas tive a surpresa de receber uma pilha de manuais, com normas e regulamentos a serem observados. Há regras para tudo e punições para erros, mesmo os menores. Será que entrei em uma empresa desconfiada, que parte do princípio de que todo empregado é desonesto?

Sabemos que as leis são boas, se usadas da forma adequada. Também sabemos que elas não são feitas para os justos, mas para os transgressores e insubordinados.

1 Timóteo 1, 8-9

Desobediência

Instruções superiores podem ser discutidas, mas não alteradas por conta própria.

Trabalho no controle de recebimento de materiais, e a norma interna determina que deve ser examinada uma peça em cada cem. Mostrei a meu supervisor o manual do próprio fabricante, no qual está escrito e provado que é suficiente examinar uma peça em cada quinhentas. O supervisor me respondeu que vale o que nossa empresa manda, e ordenou que eu não mudasse o procedimento. Como acredito que, adotando a recomendação do fabricante, eu ganharia tempo para executar outras tarefas, devo arriscar?

Se, depois de termos adquirido o conhecimento da verdade, nós o abandonamos deliberadamente, já não haverá penitência que redima o pecado.

Hebreus 10, 26

Fingimento

Um dia, eles encontrarão a própria ruína.

Detesto gente que finge ser o que não é. Infelizmente, trabalho com uma pessoa assim. Ela afirma ter estudado o que não estudou, ter tido cargos que não teve, ter feito viagens que não fez. O problema é que meu chefe parece dar crédito a essa pessoa, sem checar os verdadeiros antecedentes dela.

Os perversos e os impostores irão de mal a pior, enganando e sendo enganados.

2 Timóteo 3, 13

Entendimento

O importante não é o que você sabe, é o que você faz com aquilo que sabe.

Reconheço que deveria ter estudado mais, lido mais, aprendido mais. Aqui na empresa, todo mundo sabe mais do que eu sobre qualquer coisa. Não há nada que eu diga que alguém já não corrija e me faça sentir constrangida por minha falta de erudição.

Quem pensa que sabe alguma coisa, ainda sabe menos do que deveria saber.

1 Coríntios 8, 2

Indolência

Qualquer problema que dependa de boa vontade pode ser resolvido.

Para dizer a verdade, sou meio preguiçoso. No bom sentido, claro. Gosto de levantar tarde. Não me adapto ao ritmo maluco e agressivo das empresas. Se um chefe me pede para fazer hora extra, dou uma desculpa para não fazer. A questão é que já percebi que, se continuar a ser como sou, nunca serei nada na vida, a não ser que eu acerte na loteria. Existe solução para um problema como o meu?

Ainda não sobreveio nenhuma tentação que não fosse comum ao ser humano. Deus é fiel e não permitirá que alguém seja tentado além das próprias possibilidades. Mas, com a tentação, Ele proverá também o meio para suportá-la e dela escapar.

1 Coríntios 10, 13

Ingenuidade

Seja cordato e respeitoso, mas não feche os olhos para tudo.

Acho que sou muito inocente. Confio cegamente nas pessoas, e não foram poucas as vezes em que fui prejudicada por isso. Será que para combater a maldade preciso aprender a ser maldosa também?

Sejam sensatos, mantenham-se vigilantes. Seu inimigo, o diabo, perambula rugindo como um leão e procurando alguém para devorar.

1 Pedro 5, 8

Equilíbrio

Use com retidão o poder que lhe for dado.

Uma situação com a qual sonhei por muito tempo acabou se tornando realidade. Fui promovido a chefe, e um de meus subordinados será um colega que sempre me ignorou e desprezou durante o período em que tínhamos funções iguais. Várias vezes me passou pela cabeça que, se um dia eu chegasse a ser chefe dele, sentiria um enorme prazer em mandá-lo embora. O dia chegou. E agora?

Tudo me é lícito, mas nem tudo me é conveniente. Tudo me é permitido, mas não deixarei que nada me domine.

1 Coríntios 6, 12

Desprezo

Procure encontrar pontos positivos para balancear situações negativas.

Detesto um colega de trabalho. Tudo nele me provoca um sentimento ruim. Não o acho confiável e jamais conviveria com ele se não tivéssemos sido colocados em mesas vizinhas. Tento me manter impassível na presença dele, mas está ficando cada vez mais difícil disfarçar.

Pode alguém carregar fogo ao peito sem queimar sua própria roupa?

Provérbios 6, 27

Avaliação

Ouça com cuidado e tire suas próprias conclusões.

Minha empresa é um balaio de gatos. Por falta de uma liderança mais eficiente, cada um diz uma coisa e todos querem sempre ter razão. Ouço tantas sugestões sobre meu trabalho que até minhas certezas acabam se transformando em dúvidas.

Ponha à prova todas as coisas. Retenha o que for bom.

1 Tessalonicenses 5, 21

Ciclo

Os antigos e os recém-chegados nunca aprenderão a se entender?

Quando comecei a trabalhar, e já lá vão mais de trinta anos, eu imaginava que os mais antigos na empresa eram espécies em extinção. E que nós, os representantes de uma geração muito mais inteligente e mais bem preparada, iríamos substituí-los com vantagens. Iríamos consertar todos os estragos feitos pelos antigos e transformar este mundo em um lugar melhor para viver. Hoje, vejo que os jovens que entram na empresa pensam exatamente como eu pensava. Todos chegam cheios de ideias e culpam a nós, os antigos, por tudo o que há de errado no planeta. Talvez eu devesse ter sido mais compreensivo com os antigos com os quais trabalhei. Como não fui, não posso reclamar por não estar sendo tratado pelos jovens como um exemplo para eles.

Uma geração passa, outra geração chega, mas a Terra permanece para sempre.

Eclesiastes 1, 4

Preocupação

Como se calcula o custo da felicidade?

Quero ter uma carreira muito bem-sucedida. Meus pais já me preveniram que, na época deles, existiam poucas coisas realmente indispensáveis. Mas hoje parece que tudo se tornou indispensável e somente um bom salário poderá garantir uma vida sem apertos nem preocupações.

Não se mostrem tão ansiosos em relação à vida, ao que vão comer e beber, nem ao seu corpo e quanto ao que irão vestir. Não é a vida mais do que o alimento, e o corpo mais do que a roupa?

Mateus 6, 25

Sublimação

Concentre-se naquilo que poderá ser feito, e não no que deixou de ser feito.

Mesmo sabendo que você pode contribuir mais para com a equipe mas não está tendo oportunidades, o que fazer? E como se comportar diante desse fato?

Mas uma coisa eu faço: esquecer o que ficou para trás e esforçar-me para alcançar o que está adiante.

Filipenses 3, 13

Encaminhamento

Qual é a hora certa para falar com as crianças sobre trabalho?

Temos um filho com dez anos. Meu marido acha que deveríamos deixá-lo brincar e se divertir por mais algum tempo antes de preocupá-lo com assuntos profissionais. Eu converso com meu filho sobre o que é o trabalho, a necessidade de ele estudar e de, futuramente, conseguir um emprego para se sustentar. Espero não estar apressando demais a natureza.

Instrua a criança no caminho a ser seguido, e ela, mesmo quando for mais velha, não se desviará dele.

Provérbios 22, 6

Destemor

A coragem sem limites pode ser tão ruim quanto a falta de coragem.

Não tenho medo de arriscar. Quando os palpiteiros recomendam que eu vá mais devagar, apresso mais ainda o passo. Reconheço que, até agora, tive mais dissabores do que sucessos, mas um dia minha recompensa virá. Tudo o que arrisquei voltará em dobro, enquanto os palpiteiros ficarão chupando o dedo.

Quem é prudente enxerga o perigo e procura refúgio. Os inexperientes vão adiante e sofrem as consequências.

Provérbios 22, 3

Mentiras

As pequenas mentiras crescem rapidamente e se tornam grandes.

Passamos por uma fase muito ruim em nosso escritório. Como a pressão por resultados era esmagadora, todos mentiam para se proteger e acabavam prejudicando os outros. Combinamos parar com isso antes que a situação saísse totalmente de controle, e o ambiente melhorou. Agora, pelo que percebo, contamos apenas pequenas mentiras, aquelas que não fazem mal a ninguém, para nosso chefe não ficar pegando no nosso pé.

Não mintam mais uns aos outros, agora que todos se despiram das práticas da antiga personalidade.

Colossenses 3, 9

Incoerência

Nenhuma esperteza iníqua prosperará.

Eu e meu sócio temos uma pequena empresa, que vem crescendo aos poucos. Compramos peças usadas e montamos equipamentos muito semelhantes aos originais. Para dar credibilidade ao negócio, colocamos etiquetas da marca original, mas posso assegurar que isso não prejudica nossos clientes.

Que união pode haver entre a justiça e a ilegalidade? Que comunhão haverá entre a luz e as trevas?

2 Coríntios 6, 14

Dissimulação

Confie, mas aprenda a desconfiar.

Sou nova na empresa, mas meu chefe me prometeu um aumento caso eu consiga atingir os objetivos que me foram passados para este ano. São metas bastante difíceis, porém acredito que estou apta a superá-las. O problema é que alguns colegas me preveniram que o chefe já fez essa mesma promessa outras vezes a funcionários recém-contratados e nunca a cumpriu. Talvez seja apenas inveja, porque meu chefe aparenta ser uma pessoa sincera e honesta.

Cuidado com os falsos profetas, que se aproximam de vocês vestindo pele de cordeiro, mas por dentro são lobos vorazes.

Mateus 7, 15

Desafios

Quem supera as adversidades sai fortalecido para o trabalho e para a vida.

Eis como vejo o mercado de trabalho: cobranças exageradas, pressões anormais, profissionais carreiristas e vaidosos que só se preocupam com eles mesmos. E nós, os que estamos apenas começando, temos que suportar tudo isso todos os dias. Não sei como a maioria reage, mas eu estou assustado.

Vejam com alegria, meus irmãos, o fato de encontrarem provações, pois os testes à sua fé produzem firmeza. E deixem que essa firmeza tenha ação completa, a fim de que vocês se tornem maduros e completos, sem que nada lhes falte.

Tiago 1, 2-4

Opressão

Um exemplo ruim é um passo profissional, e não o fim da jornada.

Tudo bem, sei que existem no Brasil empresas que procuram tratar decentemente seus empregados, dando a eles condições financeiras e materiais para desempenharem bem o trabalho. Infelizmente, não estou em uma delas. Estou em uma empresa pequena, cujo patrão paga o mínimo e exige o máximo. Nosso incentivo é o berro dele, e só aceitamos a situação por não termos outro lugar para ir. Mas, um dia, se Deus quiser, teremos.

De todos os lados somos oprimidos, mas não esmagados; desorientados, mas não levados ao desespero; perseguidos, mas não desamparados; abatidos, mas não destruídos.

2 Coríntios 4, 8-9

Ânimo

Espelhe-se nos melhores, não nos piores.

Na fábrica em que estou trabalhando, faço parte de um pequeno grupo, bem reduzido, que chega de manhã para o serviço, trabalha o dia inteiro e procura fazer o melhor que pode. Muitas vezes já me passou pela cabeça que eu talvez esteja querendo ser mais realista do que o rei, porque vejo colegas que se esforçam pouco, produzem menos e recebem da chefia o mesmo tratamento que eu.

Mas, quanto a vocês, sejam fortes e não desanimem, porque esse trabalho terá sua recompensa.

2 Crônicas 15, 7

Convicção

A fé não está nos olhos, mas no coração.

Depois de alguns anos labutando no trabalho, eu gostaria de poder acreditar que as coisas irão melhorar. Ter mais esperança de que estou apenas vivendo uma fase não muito boa, mas passageira. Não é que me falte fé, porém nada do que vejo me anima a ser otimista.

A fé é a certeza daquilo que esperamos, a convicção das coisas que não vemos.

Hebreus 11, 1

Severidade

A compreensão tem limite.

Sou um gestor, e a coisa que mais me desespera é ter que demitir alguém. Mesmo quando tenho motivos para tomar essa decisão, me ponho a pensar que, embora o empregado possa merecer a demissão, as consequências serão pesadas para sua família. Não raramente, advirto um funcionário relapso duas, três, quatro vezes, esperando que ele caia em si e melhore, mas ele persiste na indolência e acaba influenciando negativamente os colegas. Mesmo vendo minha autoridade se esfacelar, ainda me falta coragem para demiti-lo.

Quanto a alguém que provoca dissensões, depois de adverti-lo uma vez e então outra vez, rejeite-o.

Tito 3, 10

Repreensão

Ouça, respire fundo e aprenda.

Detesto ser chamado à atenção por meu chefe. Sinto-me humilhado. Nem entro no mérito se a crítica foi merecida ou injusta. Mesmo que tenha sido justa, passo horas me remoendo de raiva, pensando em pedir a conta. Sei que esse meu temperamento pode me causar transtornos, mas não consigo evitar.

Quem rejeita a correção faz pouco de si mesmo. Quem ouve a repreensão consegue o entendimento.

Provérbios 15, 32

Maturidade

Aos olhos dos pais, seu próprio filho será sempre melhor que as outras crianças.

Quando eu era pequeno, meus pais (principalmente, minha mãe) viviam repetindo que eu era um gênio, que era melhor que as outras crianças e que com certeza seria um sucesso em qualquer coisa que me dispusesse a fazer. Agora, comecei a trabalhar e percebi que não sou melhor que meus colegas. Ninguém aqui me trata como um gênio, nem mesmo como alguém mais inteligente. Minha vida desmoronou, porque pensei que as coisas seriam bem mais fáceis do que estão sendo. Não sei se culpo minha mãe por ter me convencido de algo que eu não era ou a mim mesmo por ter acreditado.

Quando eu era criança, falava como criança, pensava como criança e argumentava como criança. Ao me tornar adulto, deixei para trás meus modos de criança.

1 Coríntios 13, 11

Descontrole

Pense bem antes de responder.

Dei uma resposta atravessada a meu chefe, e nosso relacionamento esfriou a partir daquele momento. Mas ele também teve culpa, porque me criticou por algo que não era de minha inteira responsabilidade. Por um momento meu sangue ferveu, e eu o acusei de ser parcial e discriminador. Mesmo agora, relembrando o fato, continuo achando que não é justo meu chefe poder falar o que quiser e eu ter que ficar calado.

Que toda pessoa seja rápida para ouvir, cuidadosa para falar e lenta para se enraivecer.

Tiago 1, 19

Deboche

O escárnio provoca risos, mas é uma forma de violência.

Temos um colega de trabalho que é muito burro. Muito mesmo, demais. Ele não consegue entender nem as coisas mais simples. Não por acaso, todas as piadas diárias são sobre ele. Fico penalizada, mas não sei bem o que poderia fazer a esse respeito. Embora eu não fique rindo dele, agradeço silenciosamente por não ser como ele.

Nós, que somos fortes, temos como dever suportar as deficiências dos fracos, e não satisfazer a nós mesmos.

Romanos 15, 1

Retribuição

Controle-se para não tornar ainda pior o que já não é bom.

Se alguém me faz uma desfeita, reajo na hora. Se me sinto ofendido, ofendo em dobro. Não deixo nada para depois. Sei que muita gente diz que sou violento quando não preciso ser, e alguns colegas de trabalho até pararam de falar comigo, mas a verdade é que jamais levei um desaforo para casa.

Não retribua a ninguém o mal com o mal. Procure proceder com respeito diante de todos.

Romanos 12, 17

Juventude

As primeiras tarefas são quase sempre inferiores à capacidade.

Ao ingressar como auxiliar em uma empresa, fiquei chateado ao perceber que os mais velhos não me dão nenhum valor, embora eu tenha acumulado mais estudos que a maioria deles. Os trabalhos que me têm sido passados são tão elementares que até um analfabeto com os olhos vendados poderia executá-los. Não sei se reclamo, se fico calado ou se peço demissão e procuro outra empresa que valorize os jovens.

Não permita a ninguém desprezá-lo por sua mocidade, mas ofereça aos fiéis exemplos nas palavras, na conduta, no amor, na fé e na transparência.

1 Timóteo 4, 12

Precocidade

Como censurar alguém que tem mais que o dobro de sua idade?

Fui promovido a líder de um setor, mesmo tendo apenas 23 anos. Não sou protegido de ninguém, minha promoção foi conseguida por mérito. Dentre meus subordinados há alguns com muitos anos de casa, e um deles tem mais tempo de empresa do que eu de vida. Talvez por não me aceitar como chefe, ele tem tido um desempenho fraco, e é minha obrigação chamá-lo à responsabilidade. Considerando sua idade, estou em dúvida se devo ser severo ou camarada.

Não repreenda alguém mais velho, mas dê a ele encorajamento, como daria a um pai.

1 Timóteo 5, 1

Impulsividade

A emoção deve se sobrepor à razão, ou será o contrário?

Sou impulsivo e sempre agi de acordo com meu coração. Nunca tive muita paciência para ficar avaliando implicações antes de tomar uma decisão. Descobri que, nas empresas, a tendência para agir emocionalmente, o que sempre considerei meu ponto forte, não é muito bem-vista. Meu chefe me recomendou ser mais racional, mais comedido, mais analista e mais ponderado, porque agir por impulso poderá até dar bons resultados em algumas situações, mas me traria problemas na maioria delas. É isso mesmo? O empregado deve se comportar mais como uma máquina do que como um ser humano?

O coração é mais traiçoeiro que qualquer outra coisa, e sua doença é incurável. Quem é capaz de compreendê-lo?

Jeremias 17, 9

Representação

Alguns corajosos são a voz daqueles que preferem permanecer calados.

Um colega de trabalho costuma se referir a "nós" quando reclama de alguma coisa. Não que as reivindicações dele sejam fora de propósito, mas nosso chefe não as aprecia, e eu nunca dei autorização a ninguém para falar em meu nome. Devo pedir a esse colega que assuma serem dele as queixas, e não a representação dos desejos de todos nós?

E Jesus lhes disse: "Não o proíbam, porque quem não estiver contra vocês estará a seu favor".

Lucas 9, 50

Otimismo

Cada um é cada um.

Não sou pessimista, mas sempre enxerguei as coisas com um pé atrás, para não ter surpresas desagradáveis. Por isso, não posso deixar de olhar com certa ironia para um colega que padece de excesso de otimismo. Ele vive rindo de tudo, achando que a vida é uma beleza e que a empresa é uma maravilha. Talvez alguém precise lhe explicar que o mundo é um pouco pior do que ele imagina.

Entre vocês, existe alguém aflito? Que ele reze. Existe alguém alegre? Que ele cante louvores.

Tiago 5, 13

Grandiloquência

Quanto é o suficiente?

Tracei planos ambiciosos para minha carreira profissional. Dentro de dois anos, quero chegar a um cargo gerencial. Em cinco anos, a uma diretoria. Em menos de dez anos, à presidência de uma empresa. Sei que, para conseguir isso, terei que me sacrificar um bocado e deixar de fazer muitas coisas que eu gostaria, mas, por outro lado, no futuro poderei desfrutar de uma série de amenidades que só o dinheiro pode comprar e que a maioria nem sonha em conseguir.

Que proveito terá alguém se ganhar o mundo inteiro e vier a se perder ou a destruir a si mesmo?

Lucas 9, 25

Afetação

Por que não dizer também coisas que farão os outros se sentirem bem?

Minha pergunta é simples. Estou errado em querer ficar milionário? Quando falo das coisas que pretendo ter, como um carro de luxo ou uma casa na praia, percebo que as pessoas me ouvem como se eu estivesse me iludindo ou querendo mostrar ser mais do que sou. Se não vou prejudicar ninguém, qual é o problema de eu expressar meu desejo de ser rico?

Mas aqueles que ambicionam enriquecer caem em tentação, em armadilhas, em muitos desejos sem sentido e nocivos que atolam as pessoas na ruína e na perdição.

1 Timóteo 6, 9

Dono

Preserve o patrimônio alheio como se ele fosse seu.

De tanto em tanto, a empresa em que trabalho lança uma nova campanha interna de motivação. A que está na moda agora afirma que os empregados são empreendedores que devem agir como se fossem donos. Bom, eu sei que não sou dono de nada aqui. Se fosse, demitiria meia dúzia de colegas que só fingem que trabalham. O que a empresa de fato pretende com essa campanha?

Cada um zele não somente por seus próprios interesses, mas igualmente pelos interesses dos outros.

Filipenses 2, 4

Dissensão

Se o foco do grupo estiver no próprio ego e não no trabalho, conflitos serão inevitáveis.

Acho incrível que nós, colegas de trabalho, tenhamos os mesmos interesses e os mesmos objetivos, mas não nos ajudemos como deveríamos. A colaboração poderia tornar mais fácil o trabalho de todos nós, mas, em vez disso, ficamos discutindo por banalidades. Basta alguém levantar um assunto, por mais frívolo que seja, para que o desentendimento imediatamente comece, com cada um querendo falar mais alto que o outro e impor sua própria opinião.

O que está causando discussões e brigas entre vocês? Porventura não são as paixões que estão se confrontando?

Tiago 4, 1

Presunção

Procure a harmonia, não se deixe levar pela soberba.

Não sei como encarar uma situação que estou vivendo. Cursei uma pós-graduação e nela aprendi conceitos que podem ser úteis para a empresa. O problema é que quase todos os meus colegas de trabalho são, com o perdão da palavra, incultos. Mal sabem redigir um relatório e estão totalmente por fora dos modernos processos de gestão. Conclusão: eles depreciam meus conhecimentos, mas estou seguro de que vou rir por último.

Tenham os mesmos sentimentos uns para com os outros. Não sejam altivos, convivam com os humildes. Não sejam sábios a seus próprios olhos.

Romanos 12, 16

Finanças

Cuidado com o tamanho do passo no escuro.

Bom, meu caso é o seguinte. Devo o que tenho e o que não tenho, mas não abro mão do conforto. Já cansei de pedir um aumento a meu chefe, para poder equilibrar o orçamento, mas ele foi categórico ao negar meu pedido e eu fiquei na mão, porque já contava com esse dinheiro extra. Meus colegas são mesquinhos e me negam empréstimos. Não sei como vou pagar as contas, mas tenho fé que uma solução aparecerá em seu devido tempo.

Ai daquele que acumula o que não é seu – por quanto tempo? – e que se sobrecarrega de penhores.

Habacuque 2, 6

Disposição

Por menor que seja a sua parte, não deixe de fazê-la.

Meus ouvidos já estão doendo de tanto escutar gente aqui na empresa dizendo que vai mover mundos e fundos, mas não vejo ninguém se mexendo para fazer algo prático. E coisas a serem feitas são o que não falta por aqui.

Sejam praticantes da palavra, e não apenas ouvintes, do contrário enganarão a si mesmos.

Tiago 1, 22

Vitupério

Quem despeja excrecências será tragado pelo esgoto.

Abomino pessoas que mentem, que enganam o próximo para se beneficiar. Infelizmente, há alguém assim trabalhando perto de mim. Além de fomentar intrigas espalhando inverdades, ela ainda tem o desplante de dizer que somos ingênuos, por acreditarmos em tudo o que nossos chefes falam. E como vamos duvidar, se tudo o que foi prometido pela empresa até hoje foi cumprido?

Ele perecerá para sempre, como o seu próprio excremento, e os que conviveram com ele perguntarão: "Que fim ele levou?".

Jó 20, 7

Vulgaridade

A grosseria é a poesia dos indecorosos.

Por que algumas pessoas insistem em se comunicar usando palavras obscenas, de baixo calão – inapropriadas até para um banheiro público, quanto mais para um escritório –, se há tantas maneiras de dizer a mesma coisa sem cair na indecência?

O que sai de uma pessoa é o que a contamina.

Marcos 7, 20

Empreendedor

Considere ter seu próprio negócio.

Tenho desejo de ter uma oficina, bem simplesinha, mas que seja minha. Tenho experiência como mecânico, e muita gente me diz que o melhor é continuar como empregado, porque ser dono só vai me trazer preocupações. Será?

Aspire por viver tranquilamente, cuidando do que é seu e trabalhando com suas mãos, como lhe foi instruído, para que você possa caminhar com dignidade diante de estranhos e não depender de ninguém.

1 Tessalonicenses 4, 11-12

Acaso

Vantagens existem, mas não há garantias.

Estou estudando em uma faculdade pouco conhecida, mas ela é tudo o que posso pagar neste momento. Não tenho posses, nem conheço ninguém que possa me ajudar a conseguir um emprego melhor do que este em que estou atualmente. Fico pensando se o sacrifício de estudar vale mesmo a pena, porque, além do custo, preciso tomar duas conduções para ir à faculdade e mais duas para voltar para casa tarde da noite. Como vou poder competir com gente muito mais bem formada do que eu?

A corrida não é sempre vencida pelo mais rápido, nem a batalha pelo mais forte. Nem terá mais pão o sábio, nem maior riqueza o perito, nem maior prestígio o instruído. O tempo e o acaso ocorrem para todos.

Eclesiastes 9, 11

Boquirroto

Péssimos exemplos de discrição.

Não é que eu tenha preconceito contra quem tem dinheiro. Pelo contrário, se foi dinheiro ganho honestamente, parabéns a quem conseguiu. Só não gosto de gente que fica apregoando o que faz com o dinheiro. Aqui na empresa tem um grupo cujo único assunto parece ser para onde viajou, em que restaurante jantou, o que comeu, que bebida tomou e onde esse mesmo festival será repetido da próxima vez. Se é assim que eles querem torrar o que têm, o problema é deles, mas precisam fazer propaganda disso para todo mundo ouvir?

O destino deles é a perdição. Seu Deus é a própria barriga e eles se vangloriam em sua vergonha, com a mente voltada somente para as coisas terrenas.

Filipenses 3, 19

Invejosos

A inveja não deixa de ser um elogio, mas da pior maneira possível.

Como se convive com uma pessoa que é tão invejosa, mas tão invejosa, que nem consegue esconder o tanto que é? Eu sinto, mas não consigo. Mando sair de perto de mim. Não sei se estou sendo mal-educada ou indelicada, mas não dá para aguentar. Ou será que eu deveria me esforçar para ser mais compreensiva?

O rancor é cruel e a raiva é devastadora, mas quem consegue suportar a inveja?

Provérbios 27, 4

Convivência

São as exceções que reafirmam nossas convicções.

Procuro sempre tratar os colegas de trabalho com respeito, tentando conviver bem mesmo com aqueles que não retribuem o apreço que lhes dedico. Mas, há de se convir, existem pessoas que merecem ser detestadas.

O amor é paciente e bondoso. Não inveja, não se vangloria, não é arrogante, nem rude. Não procura seus próprios interesses, não se irrita, nem guarda rancor.

1 Coríntios 13, 4-5

Ética

Ninguém pode ser só parcialmente honesto.

Minha empresa tem um código de conduta que todos os empregados recebem ao serem contratados. Às vezes ocorrem situações que contrariam o que está disposto no código, como lesar um cliente em sua boa-fé, mas alguns colegas me explicaram que isso não é desonestidade, e sim "hermenêutica empresarial". Como eu nunca tinha ouvido essa palavra, procurei no dicionário e descobri que hermenêutica significa "interpretação de textos". Para mim, isso parece mais uma maneira de encontrar previamente uma desculpa para cometer uma fraude e justificá-la se ela for descoberta.

Que ninguém os engane com palavras vazias.

Efésios 5, 6

Negligência

A preguiça é a mãe de todos os vícios.

Temos um colega que continuamente pede que outros o ajudem a fazer seu trabalho, alegando que está muito atarefado e não consegue dar conta de tudo. O que noto, porém, é que ele está nos transferindo a maior parte de suas responsabilidades e permanece ocioso enquanto trabalhamos por ele.

O preguiçoso morre ansiando, porque suas mãos se recusam a trabalhar.

Provérbios 21, 25

Corrupção

Não se deve esperar sinceridade de um corrupto.

Trabalho em uma empresa que foi envolvida em um caso de corrupção. Fiquei abismada quando soube e só tomei conhecimento depois que saiu nos noticiários. Sempre tive satisfação em dizer onde trabalhava, mas agora percebo que as pessoas de fora me olham como se eu fizesse parte do esquema. O pior foi descobrir que meu superior tinha conhecimento das manobras ilegais, mas continuava a nos prometer mundos e fundos e a afirmar que trabalhávamos na melhor e mais honesta empresa do mundo.

Eles lhes prometem liberdade, mas são eles mesmos escravos da corrupção, porque o homem é escravizado pelo mal que o domina.

2 Pedro 2, 19

Pernicioso

Não perca seu tempo tentando responder a quem não quer ouvir.

Como é possível conviver com uma pessoa que responde com um gracejo pedante a uma pergunta séria? Que interrompe conversas alheias para fazer comentários sarcásticos? Já o mandei lamber sabão, e sabe o que ele me respondeu? Que eu não tinha inteligência suficiente para captar seus ensinamentos.

Zombeteiro, este é o nome do homem arrogante e vaidoso que age com soberba desmedida.

Provérbios 21, 24

Destrutivo

Os diferentes são bem-vindos, desde que não cheguem dispostos apenas a conturbar.

Temos um grupo que se reúne para almoçar, falar da vida, contar histórias divertidas e rir um pouco para amenizar as horas que passamos concentrados no trabalho. Recentemente, um colega convidou a si mesmo para fazer parte de nossa mesa, mas suas conversas são ácidas e destemperadas. Ele está sempre deprimido ou revoltado, só enxerga o lado ruim das coisas e já está nos tirando o apetite. Estamos em dúvida se devemos suportá-lo em nome da boa convivência ou pedir que ele vá expor suas mazelas em outro grupo.

Não deem lugar ao diabo.

Efésios 4, 27

Estourado

Em um minuto de desatino, um ano de dedicação pode virar pó.

Estou triste. Um companheiro de trabalho foi demitido porque xingou o chefe. Ao ser chamado à atenção por uma coisinha à toa, que poderia passar batida com um "tudo bem, chefe", ele, em vez disso, despejou uma torrente de insultos. Uma pena. Ele sempre foi um bom colega, amistoso e prestativo. Fomos conversar com o chefe para tentar reverter a situação, mas ouvimos que nosso colega tinha de sofrer esse choque. Tinha mesmo?

Como a cidade derrubada e sem muralhas, é o homem que não sabe se controlar.

Provérbios 25, 28

Conselho

Muitas vezes, as maiores lições estão nas menores frases.

Gostaria de lhe contar uma pequena história. Sempre tive uma tendência a primeiro discordar imediatamente de qualquer coisa que ouvia, para só depois procurar entender melhor o que eu tinha ouvido. Quando li um relato de uma pessoa que tinha o mesmo problema que eu, e que também não havia percebido como suas discordâncias irritavam os outros, decidi seguir um conselho dela: "Quando o outro terminar de falar, não diga nada, apenas sorria e acene positivamente com a cabeça". Fiz isso durante um par de dias, embora a vontade de disparar um "não" continuasse forte, e tive a surpresa de descobrir que a maioria de meus problemas acabou. Às vezes a gente estuda durante anos a fio e acaba aprendendo uma coisa útil para o resto da vida em uma pequena frase.

Brandura, moderação. Contra estas coisas não existem leis.

Gálatas 5, 23

Cautela

Não arrisque sem antes entender o que lhe pode acontecer.

Trabalho no setor de pessoal. Sempre cumpri com minhas obrigações e nunca fui advertida. Um colega que estimo muito saiu da empresa e solicitou ao chefe dele uma carta de recomendação. O chefe, sei lá por quê, se recusou a dá-la. O colega me procurou e disse que já tinha um emprego engatilhado, mas precisava da carta para ser contratado. Decidi ajudar e escrevi eu mesma uma carta. Não sei como, alguém descobriu e fui demitida. Assim, sem consideração nenhuma. Sei que devia ter pedido autorização a meu superior antes de escrever a carta, mas só tentei ajudar alguém, sem prejudicar ninguém. Será que avaliei tão mal a situação?

Pois quem guarda a lei, mas tropeça em um só ponto, torna-se culpado pelo todo.

Tiago 2, 10

Falatório

Um dia, o problema vai acabar sobrando para alguém...

Em minha empresa, a rádio peão é muito ativa. Todo dia tem um novo boato, que se esgota já no dia seguinte e é substituído por outro. De certa forma, nós nos divertimos passando adiante as bobagens que ouvimos. São coisas tão absurdas que só quem é muito crédulo acredita nelas. Repassei um desses boatos a uma colega de serviço e ela, para meu espanto, me denunciou a nosso superior. É incrível que, numa empresa em que a boataria corre solta, só um seja punido, e esse um acabe sendo eu.

Quem vigia sua boca e sua língua evita problemas.

Provérbios 21, 23

Serenidade

Quando o chefe não tem, o subordinado precisa ter pelos dois.

Meu supervisor tem um humor estável. Raramente levanta a voz. Por isso, fiquei surpreso quando ele veio falar comigo, já num tom meio alterado, porque algo que eu havia feito estava errado. Por causa de meu erro, ele tinha acabado de levar uma bronca do gerente dele e veio direto descontar em mim. Tentei me explicar, mas, quanto mais eu explicava, mais meu supervisor se exaltava, e a coisa chegou a um ponto em que percebi que meu emprego estava por um fio. Decidi ficar quieto, e o supervisor foi sossegando aos poucos. No fim, fiquei sem saber se o melhor é argumentar ou se é mais prudente se fingir de surdo.

Se a ira da autoridade se levantar contra você, mantenha-se em seu posto. A calma desfaz as grandes ofensas.

Eclesiastes 10, 4

Pessimismo

Previna-se; o desânimo pode ser contagioso.

Tenho um temperamento alegre. Não fico pensando que as coisas podem piorar, porque isso não ajuda em nada. Mas um amigo aqui do trabalho é exatamente o oposto. Ele vê desgraça em tudo. Tenho em minha mesa uma foto de uma flor muito bonita, e ele comentou que aquela flor já tinha virado adubo e que esse será o destino de todos nós. Pode uma coisa dessas? Será que ele não deveria procurar um médico e se tratar, antes que seja tarde demais? Ah, ele sempre afirma que já é tarde demais faz tempo.

Um coração alegre é um bom remédio, mas um espírito abatido seca os ossos.

Provérbios 17, 22

Retórica

Considere fazer um curso de expressão verbal.

Sempre tive receio de falar numa reunião, ou até mesmo de fazer um discurso bobo numa festinha de família. Até agora não tive problemas no trabalho por ser calada (aliás, muito pelo contrário), mas não tenho como deixar de notar que meus colegas que são capazes de fazer uma apresentação têm oportunidades melhores do que eu. Preciso mesmo perder o medo, ou será que estou exagerando o efeito que meu silêncio poderá causar à minha carreira?

Que a sua conversação seja sempre agradável, temperada com sal, para que você saiba como deve responder a cada um.

Colossenses 4, 6

Testamento

A vida passa, os exemplos ficam.

Aposentei-me. Foram 38 anos de trabalho, e mais alguns antes disso, sem carteira assinada, porque eu era menor. Durante todos esses anos, nunca cometi uma desonestidade. Nunca fiz nada para prejudicar alguém. Sempre tratei bem a todos e não posso reclamar do tratamento que recebi. O que disse a meus filhos, e vou dizer a meus netos, é que ter sido fiel e honesto pode não me ter trazido riqueza, mas me trouxe paz de espírito. Espero que meus netos entendam.

Já fui moço e agora sou velho, mas nunca vi o justo desamparado, nem seus filhos mendigando pão.

Salmos 37, 25

União

Se não houver um só pensamento, haverá muitas discordâncias.

Quais são as melhores habilidades para trabalhar em equipe?

Como é bom e agradável quando irmãos convivem unidos!

Salmos 133, 1

Individualismo

O relacionamento melhorou ou piorou?

Completei vinte anos de vida profissional, e minha impressão é de que, em termos de tecnologia, de acessórios e de brinquedos eletrônicos, estamos vivendo uma época fascinante. Já não tenho essa certeza quanto aos valores pessoais. Não vejo mais tanta gente se abraçando ao chegar para trabalhar, como era comum se fazer quando comecei. Não vejo mais colegas conversando animadamente. Agora, cada um tem seu aparelhinho de comunicação e o usa mesmo quando o interlocutor está a alguns metros de distância. Acredito que esteja sobrando individualismo e faltando calor coletivo.

E, por se multiplicar a perversidade, o amor de muitos esfriará.

Mateus 24, 12

Antagonismo

Confunda seu adversário, fazendo o contrário do que ele esperaria.

Um colega de trabalho não perde uma só oportunidade para me prejudicar. Ele fala de mim pelas costas e espalha inverdades. No contato direto comigo, entretanto, ele age como um santinho. O que faço, já que não posso parar de falar com ele? Devo atacá-lo com as mesmas artimanhas que ele usa contra mim?

Pelo contrário, se o seu inimigo tiver fome, dê-lhe de comer; se ele tiver sede, dê-lhe de beber. Porque, fazendo isso, você amontoará brasas em fogo sobre a cabeça dele.

Romanos 12, 20

Omissão

Transgressões ignoradas não se tornam permissões.

A fábrica em que estou trabalhando possui controles muito frouxos. É possível levar materiais para casa, porque a revista na portaria é feita por um guarda que fica sentado em uma cadeira e mal levanta os olhos. Meus colegas afirmam que o próprio dono tem conhecimento dessa situação e não se preocupa com ela, porque está ganhando dinheiro suficiente. Minha pergunta seria: é errado fazer uma coisa que todos estão fazendo e para a qual não existe impedimento nem punição?

Não participem de trabalhos infrutíferos das trevas. Antes, reprovem-nos.

Efésios 5, 11

Regalia

Maior liberdade gera maior responsabilidade.

A empresa em que trabalho começou a permitir que alguns funcionários, aqueles que executam trabalhos administrativos e cuja presença não é necessária no escritório, trabalhem em casa. Isso é bom, mas temo que não vá durar muito, porque alguns colegas estão aproveitando o que eles chamam de "tempo livre" para resolver assuntos pessoais.

Que tudo, porém, seja feito com decência e ordem.

1 Coríntios 14, 40

Intromissão

Deixe seu trabalho falar por você.

Qual é a melhor atitude a tomar quando se veem coisas erradas acontecendo na empresa? Não tenho um cargo que me permita tomar decisões, mas não consigo ficar calado quando alguém merece críticas, mesmo que seja um superior. Por isso, alguns colegas me veem como um exemplo, outros me ignoram, e há os que me dizem que só vou arrumar encrenca se continuar falando o que penso.

Economize nas palavras. Porque dos muitos trabalhos vêm os sonhos e, de muito falar, as palavras tolas.

1 Coríntios 8, 5

Sinceridade

Um ponto de vista pessoal não é aceito como verdade definitiva.

Em uma entrevista de emprego, o entrevistador me perguntou por que eu tinha saído da empresa anterior, e eu disse toda a verdade. Que a empresa era opressiva, que os chefes eram ineptos e que os colegas eram invejosos. Não passei nem da primeira fase do processo seletivo, e me pergunto se fui eliminado por ter sido sincero.

Se minha testemunha for somente eu mesmo, meu testemunho não será verdadeiro.

João 5, 31

Talento

Você certamente tem um, porque todo mundo tem.

Não tenho nada que possa me diferenciar. Não sou boa para falar, nem para escrever, e me atrapalho com problemas numéricos. Estou estudando, mas ainda não consegui um diploma que possa me dar um mínimo de aceitação profissional. Fico pensando se tenho alguma boa qualidade que ainda não descobri, ou se sou apenas alguém que não teve sorte e nunca será ninguém na vida.

Vocês são deuses, filhos do Altíssimo, todos vocês.

Salmos 82, 6

Mérito

Até onde é preciso ir para merecer reconhecimento?

Posso fazer uma pergunta? Se eu nunca chegar a um cargo de comando, isso será visto como o quê? Falta de ambição? Pouca inteligência? Preguiça? Porque eu tenho um trabalho simples, um daqueles cujo ocupante não manda em ninguém e é mandado por todo mundo, mas me sinto muito bem fazendo o que faço. Nunca me incomodei com a posição de auxiliar que precisa usar um crachá porque, se não usasse, ninguém saberia o nome dele. Não sei nem se posso chamar isso de carreira, porque não estou pensando em ser nada mais do que já sou.

Faça o melhor que puder para se apresentar diante de Deus como alguém digno de aprovação, um trabalhador que não tenha de que se envergonhar e que maneje corretamente a palavra da verdade.

2 Timóteo 2, 15

Defeitos

Sim, todos os temos, e não são poucos.

Sempre que participo de entrevistas de emprego, fico em dúvida sobre o que responder quando vem aquela pergunta famosa: "Qual é o seu maior defeito?". Sempre respondo que não tenho nenhuma dessas falhas que descartariam um candidato. Na verdade, não tenho mesmo nenhum defeito que eu possa citar. A questão é que os entrevistadores não acreditam em mim e não me dão oportunidade para comprovar que não há nada de errado comigo. Fiz uma dúzia de entrevistas até agora e não consegui nenhum emprego.

Se dissermos que não temos nenhum pecado, enganamos a nós mesmos.

1 João 1, 8

Crápula

Quem junto está, solidário é.

Sou honestíssimo. De pai e mãe. Porém, trabalho em uma empresa que não é. O dono é sonegador. A empresa dá lucro (muito lucro) graças a essas manobras ilegais, mas ganho bem e, o que é mais importante, não participo das falcatruas. O dono volta e meia me pergunta se está tudo bem, se estou contente, e respondo que sim. O que eu poderia responder, que ele é um gatuno? Por isso, procuro levar a situação mantendo minha honestidade, sem permitir que ela seja afetada pelo que presencio todos os dias.

Quem ao infiel saúda, participa de suas más obras.

2 João 1, 11

Imposição

Quem discorda das regras não deve entrar no jogo.

A empresa em que estou tem uma norma para promoções: para receber a primeira, é preciso completar três anos de casa. Estou aqui faz dois anos e já mostrei que tenho todas as condições para ser promovido, mas meus superiores estão irredutíveis. Para eles, a norma é mais importante do que o bom senso. O que faço, passo mais um ano inteiro esperando?

Um atleta não é coroado se não competir de acordo com as regras.

2 Timóteo 2, 5

Espiritualidade

Eles não sabem o que estão perdendo.

Anualmente, aqui na empresa, é feito um programa de sugestões. Todos os funcionários podem participar. O programa tem funcionado bem, e várias sugestões já foram implantadas. Quando uma não é, o funcionário que a sugeriu recebe uma explicação. Este ano, propus que fosse criado um espaço para meditação. Nada extravagante, apenas uma sala destinada a esse fim. Escrevi que a espiritualidade nos ajudaria a ser mais compreensivos, mais tolerantes e mais produtivos. Recebi a resposta de que minha sugestão não se enquadra no espírito da empresa. Como pode?

Eles estão obscurecidos na compreensão, separados da vida divina pela ignorância que existe neles, devido à dureza de seu coração.

Efésios 4, 18

Miopia

Para quem só enxerga o dinheiro, todo o resto fica embaçado.

Sei o que é crise e entendo que algumas empresas possam eventualmente passar por apertos financeiros. Sou de opinião que, quando isso acontece, nós, empregados, temos que ser um pouco compreensivos até que a situação retorne à normalidade. Pois bem. Nosso salário atrasou pelo segundo mês seguido. Mantive minha convicção de que deveríamos dar nossa parcela de contribuição, evitando armar uma manifestação que só iria piorar a situação. Isso até o momento em que vi o patrão chegar com um carro novinho em folha, importado, luxuoso, cintilante. No dia seguinte, entramos em greve. E eu fico me perguntando: como é que o patrão não previu um desfecho tão óbvio?

Porque o apego ao dinheiro é a raiz de todos os males. É por essa cobiça que alguns se desviaram da fé e vivem atormentados por muitos sofrimentos.

1 Timóteo 6, 10

Egoísmo

Há quem se julgue o centro do Universo.

Perdoe-me pelo desabafo, mas tenho um colega que não presta atenção em nada do que lhe é dito. Durante alguns segundos, ele faz aquela cara de quem não está nem um pouco interessado no assunto e, de repente, começa a falar de alguma outra coisa que nada tem a ver com estava sendo conversado. O que seria isso, complexo de superioridade? E o pior é que ele reclama quando não prestamos atenção ao que ele fala!

O insensato não tem prazer em tentar entender, mas apenas em expressar sua opinião.

Provérbios 18, 2

Crendices

Acredite em você, não em fantasias.

Comecei a trabalhar e fui colocado em uma mesa de canto. Alguns colegas me preveniram que a mesa dá azar, porque seus três últimos ocupantes foram dispensados em menos de seis meses. Nunca fui muito supersticioso, mas fiquei preocupado. Devo pedir para mudar?

Rejeite as fábulas profanas e os mitos tolos.

1 Timóteo 4, 7

Ambiente

Nada é perfeito, mas alguns lugares são mais imperfeitos que outros.

Quem já viu um campo minado terá uma boa impressão do que é a fábrica em que trabalho. Qualquer coisa que um diga, mesmo que seja a mais inocente, já é suficiente para que outro se sinta ofendido. Como há vários grupinhos formados, cada um de seus integrantes toma as dores de quem se ofendeu, e aí as discussões se arrastam por horas e dias. Eu, que só quero trabalhar, tenho receio até de respirar perto de alguém, para que a pessoa não se ofenda. Só não peço demissão porque a fábrica fica perto de casa, mas tenho que passar o turno inteiro olhando com cuidado onde estou pisando, para não virar alvo de fuxicos.

Se for possível, no que depender de vocês, vivam em paz com todos.

Romanos 12, 18

Parceria

Se não há compreensão, os dois perdem.

Divido meu trabalho com um colega. Ele faz uma parte, eu a outra. O grande problema é: não nos entendemos em nada. Temos estilos diferentes, ele é mais analítico, e eu sou mais mão na massa. Quero acelerar, ele prefere ir mais devagar. Nosso chefe diz que somos ambos bons e só precisamos aprender a trabalhar em dupla. Será que isso é mesmo possível?

Por acaso dois poderão caminhar juntos se não estiverem de acordo?

Amós 3, 3

Destemperança

Se falta equilíbrio pessoal, o lado profissional se deteriora.

Não tenho nada a ver com a vida pessoal de ninguém. Mas um colega de trabalho tem sérios problemas em família e traz os problemas de casa para a empresa. Aí já passa a ser um problema também meu, porque sou afetada pelo comportamento dele. Como não se dá bem com a esposa, ele bebe. Ou, talvez, a bebida é que tenha sido a causa dos desentendimentos. De qualquer modo, tem dias em que aparece para trabalhar cheirando a álcool, falando alto e ofendendo todo mundo. Tento ser compreensiva, mas acredito que ele acabará perdendo o emprego se não resolver os problemas domésticos.

Quem causa problemas em sua própria casa herdará o vento.

Provérbios 11, 29

Hipocrisia

Cuidado com os especialistas em fingimento.

Um companheiro de empresa é charmoso, veste-se bem, sabe ser simpático, parece que está sempre preocupado em ajudar aos outros, mas tudo isso é só fachada. Dá para perceber pelos seus olhos que nada do que diz é sincero. Com sua conversa agradável ele joga uns contra os outros, e vários amigos já foram iludidos porque se deixaram levar pelas insinuações dele. Sinceramente, tenho até medo do estrago que ele possa causar, mas muitos companheiros ainda não perceberam que ele é um poço de más intenções disfarçado de amigo e conselheiro.

Ai de vocês, escribas e fariseus, hipócritas, porque são como as sepulturas pintadas de branco, que parecem belas por fora, mas por dentro estão cheias de ossos de mortos e de podridão.

Mateus 23, 27

Inverdades

Por melhor que alguém seja, não conseguirá agradar a todos.

Tenho uma pequena empresa. Trato bem meus funcionários. Faço tudo o que a lei determina e mais um pouco. Nunca tive nenhum problema trabalhista. Mesmo assim, sei que há funcionários que falam mal de mim. Dizem que enriqueço às custas deles. Que pareço bonzinho, mas sou um ditador. Daqui a pouco vão dizer que sou ladrão ou coisas piores. Por que algumas pessoas são tão ingratas com quem lhes proporciona um trabalho honesto e nunca deixou de cumprir suas obrigações?

Não dê atenção a tudo o que o povo diz, para evitar ouvir seu empregado falando mal de você. Porque você bem sabe que também, muitas vezes, falou mal de outros.

Eclesiastes 7, 21-22

Ardiloso

Há bons patrões, mas, infelizmente, há também os outros...

Meu patrão força os funcionários a fazer horas extras, mas não paga por elas. Segundo ele, a lei trabalhista permite que empregados que ocupam cargos de confiança não recebam horas extras, e ele considera que todos nós somos gente de confiança. Li o que está escrito na lei, e ela somente se aplica aos que ocupam funções de liderança, o que não é o nosso caso. Estamos sendo enganados.

Quem serve como soldado às próprias expensas? Quem planta a videira e não come as uvas?

1 Coríntios 9, 7

Credulidade

O leva e traz é um mau-caráter ou uma vítima?

Temos um colega de trabalho que, possivelmente por inocência, tornou-se uma espécie de informante do chefe. Achando que está sendo prestigiado e não usado por este, esse colega conta tudo o que dizemos e fazemos durante o expediente, inclusive nossas opiniões pessoais sobre a empresa. Essa situação nos deixa furiosos, e não sabemos como agir. Paramos de falar com o colega? Ou tentamos convencê-lo de que ele é um de nós mas está agindo contra nós?

Contudo, não o considerem como inimigo, procurem adverti-lo como a um irmão.

2 Tessalonicenses 3, 15

Tenacidade

A decisão correta, apesar da frase incorreta.[1]

Como diz a Bíblia, "Deus escreve direito por linhas tortas". Até agora, minha carreira profissional foi errática. Tentei várias coisas, e nenhuma deu certo. Nada do que comecei produziu resultados. Mas tenho fé e continuo acreditando.

Peça, e lhe será concedido. Procure, e você encontrará. Bata à porta, e ela será aberta para você.

Mateus 7, 7

[1] A frase mencionada pela leitora, "Deus escreve direito por linhas tortas", não consta na Bíblia.

Precaução

A hora certa para decidir.

Trabalho com algumas "maçãs podres". Gente cujo objetivo parece ser o de atrasar o serviço, reclamar do que não está errado, criticar quem não merece e envenenar o ambiente de trabalho. Nosso gerente sabe o que se passa, mas não toma nenhuma providência. Segundo ele, substituir vários funcionários de imediato causaria mais problemas ao andamento dos serviços do que mantê-los até o final do ano. Parece-me que a decisão dele está baseada mais no medo que ele sente do que na medida firme que a empresa espera que um bom gerente tome.

Ele respondeu: "Não, para evitar que, ao tirar o joio, vocês arranquem com ele também o trigo. Deixem que cresçam juntos até a colheita. Então direi aos ceifeiros: juntem primeiro o joio e o amarrem em feixes para ser queimado. O trigo, guardem em meu celeiro".

Mateus 13, 29-30

Vigilância

Não se preocupe mais com o trabalho alheio do que com o seu.

Durante o expediente, fico vendo colegas que poderiam ser bem mais produtivos do que são. Se eu fosse chefe deles, botava todos na linha. Afinal, somos pagos para produzir, e não para vir à empresa como se ela fosse um parque onde os desocupados ficam matando o tempo.

O infiel de coração se contentará com seus próprios caminhos, e o homem de bem, com o resultado de seu próprio proceder.

Provérbios 14, 14

Cumplicidade

Fechar os olhos para um erro é incentivá-lo.

Trabalho na cozinha de uma empresa que fornece alimentos para várias empresas. Um companheiro de trabalho costuma levar para casa, às escondidas, pequenas quantidades de mantimentos. Nada exagerado, uma coisinha aqui e outra ali. Segundo ele, são sobras que seriam jogadas no lixo, e por isso ele não se sente culpado. Não queremos denunciar o companheiro, porque, exceto por esse deslize, ele é uma pessoa de que gostamos. Mas temos receio de que essa atitude seja descoberta pelos proprietários e que eles concluam que o resto de nós também adota a mesma prática.

Irmãos, se uma pessoa for surpreendida em qualquer falta, vocês, com sua espiritualidade, corrijam-na com gentileza. E guardem-se, para não caírem também na mesma tentação.

Gálatas 6, 1

Obstinação

Por que continuar persistindo no que só deu errado?

Tive três empregos em menos de um ano. Fui dispensado de todos eles por desobedecer às ordens de meus chefes. A questão é que essas ordens não faziam sentido para mim, e eu procurava maneiras melhores de resolver por minha conta as situações. Acredito que minhas decisões foram apropriadas, mas meus chefes não concordaram. Na minha opinião, as empresas estão cheias de chefes incompetentes, e não pretendo mudar meu procedimento nos próximos empregos.

Como o cão que retorna a seu vômito, assim é o insensato que repete a sua insensatez.

Provérbios 26, 11

Hesitação

O risco é proporcional à credibilidade de quem faz a proposta.

Um amigo de longa data vive me procurando para oferecer oportunidades de nos associarmos e ficarmos ricos. A cada mês, aparece com uma nova proposta. Ouço o que ele fala, mostro interesse no que ele oferece, mas no fim a história é sempre a mesma: para iniciarmos uma sociedade, eu é que teria que entrar com o capital necessário, porque meu amigo vive devendo. Ele é cheio de ideias, mas eu tenho um bom emprego, e meu salário dá e sobra para o sustento de minha família.

Assim diz o Senhor: conservem-se na estrada, olhem e perguntem pelas trilhas antigas, que são os melhores caminhos.

Jeremias 6, 16

Segredos

Quem sabe deve compartilhar.

Comecei a fazer um estágio em um escritório. O chefe do setor em que fui colocada não me dá nenhum esclarecimento sobre minhas tarefas. Só me diz o que fazer e como fazer, e se nega a esclarecer por que aquilo é feito daquela maneira e qual é a finalidade do trabalho. Segundo ele, sou curiosa demais, e as coisas que quero saber são confidenciais. Estou meio perdida. O propósito do estágio não é o aprendizado? Até agora, em cinco meses, só aprendi que perguntar ofende.

Ai de vocês, intérpretes da lei! Porque se apropriaram da chave do conhecimento, mas não entraram, e travaram os que estavam entrando.

Lucas 11, 52

Provocação

Existem os que se orgulham da falsidade.

Não posso reclamar de falta de sinceridade por parte de meu gerente. Só fico meio assustado com o que ouço. Pelo que ele fala, só se dá bem na vida profissional quem sabe contar mentiras e convence quem está ouvindo de que elas são verdadeiras. Outra coisa que ele diz é que viu muito inocente como eu ficar pelo caminho, e que ele somente se deu bem porque não foi bobo. Será que estou fazendo tudo errado ou estou ouvindo a pessoa errada?

Ai dos que chamam ao mal de bem, e ao bem de mal. Que dizem ser a luz escuridão e a escuridão, luz. Que chamam o amargo de doce, e o doce de amargo.

Isaías 5, 20

Despreocupação

O momento de ser sério.

Estou entrando agora no mercado de trabalho e sei que terei muitos e muitos anos de dureza pela frente. Mas, com a graça de Deus, eu chego lá. Noto, porém, que pareço estar indo na contramão de minha geração. Nenhum de meus colegas de colégio está pensando seriamente em conseguir um emprego e permanecer nele. Todos falam em encontrar maneiras de ficar rico trabalhando pouco ou de aproveitar a vida enquanto der, deixando para pensar em trabalho quando não houver mais jeito de escapar do sossego.

Salvem-se desta geração perversa.

Atos 2, 40

Amargura

Cuidado com as companhias.

Um amigo meu diz que essa coisa de colaborador é conversa fiada e que empregado é só um burro de carga com crachá.

Sábio se tornará quem caminhar com os sábios, mas o companheiro dos tolos se dará mal.

Provérbios 13, 20

Conspiração

Os valentes não atacam pelas costas.

Alguns colegas de trabalho estão propondo que formemos um grupo para derrubar nosso chefe. Concordo que ele não é o melhor chefe do mundo, mas o plano dos colegas é mandar mensagens anônimas à diretoria, denunciando as coisas que o chefe faz ou deixa de fazer e exagerando um pouco nos detalhes. Não me parece que esse seja o melhor caminho para consertar uma situação que não é tão ruim como eles dizem. Propus falarmos primeiro com o próprio chefe e lhe explicarmos a causa dos descontentamentos, mas fui voto vencido. Devo participar do grupo, apenas para não ficar mal com os colegas?

Não me assento com homens falsos, nem me associo com dissimulados. Detesto a súcia de malignos e não me assento com os perversos.

Salmos 26, 4-5

Linguagem

O palavrão é o recurso dos incultos.

Fiquei meio chocada ao começar a trabalhar nesta empresa. Ela é grande e conceituada no mercado, mas os diálogos internos são recheados de palavrões. Parece que ninguém consegue dizer mais de três palavras sem apelar para um xingamento, uma grosseria ou uma expressão chula, mesmo quando tudo isso é desnecessário e inoportuno. Minhas orelhas estão ardendo, e já teve gente que veio me perguntar por que eu sou tão calada. Não sou, mas fico quieta porque tenho medo de me contaminar pela baixaria.

Que não haja obscenidades, conversas tolas ou chocantes, que são todas coisas inconvenientes; em vez disso, que se deem graças.

Efésios 5, 4

Difamação

O local de trabalho não é uma central de deslealdades.

Meu superior dedica uma boa parte do tempo dele para conversas individuais com os subordinados. Isso seria uma bela atitude se ele ouvisse nossas preocupações profissionais e nos aconselhasse. Mas o que ele quer, mesmo, é ouvir fofocas. Saber quem fala o quê, quem sai com quem, quem não gosta de quem. E o pior é que vários de meus colegas apreciam essas conversas a portas fechadas e não se opõem a comentar a vida alheia. No fim, um difama o outro, e todos vivemos em constante angústia por não saber o que os outros estão falando de nós.

Se um governante dá atenção a falsidades, todos os seus auxiliares serão perversos.

Provérbios 29, 12

Esmorecimento

Quando você deixar de confiar em si mesmo, ninguém mais confiará.

Fui passada para trás três vezes em promoções, mas não estou reclamando que a empresa tenha sido injusta. Os motivos que me foram dados fizeram sentido, e procurei corrigir as falhas que foram apontadas, fazer os cursos que me foram indicados e mostrar bons resultados. Agora, novamente, estou na lista dos possíveis promovidos, mas confesso que a segurança que eu tinha no começo já não é tão sólida. Estou me esforçando para não desanimar e até me preparando mentalmente para ficar novamente desapontada.

Não abandone, portanto, a sua confiança, que terá uma grande recompensa.

Hebreus 10, 35

Chegada

Não todos, mas alguns. Os que mostrarem que serão dignos da honra.

Os últimos serão os primeiros. Creio nisso firmemente, com toda a minha fé. Na vida e no trabalho. Acho que eu nem precisaria dizer que, por enquanto, ainda estou lá nas últimas colocações.

Há últimos que serão primeiros, e há primeiros que serão últimos.

Lucas 13, 30

Desforra

Não dispare sem imaginar que o outro poderá atirar de volta.

Tudo começou por uma bobagem. Um colega foi reclamar com o chefe que uma colega falava demais durante o expediente. Ao ser interrogada se era verdade, ela ficou uma fera e revelou ao chefe uma série de coisas não muito profissionais sobre o colega que a havia denunciado. Uma delas, a de que ele passava horas na internet. Aí, foi a vez de o colega se enfurecer e contar alguns fatos não muito recomendáveis sobre a colega. No fim, os dois foram dispensados. O pior de tudo é que nem ela falava demais, nem ele perdia tanto tempo assim na internet. Será que o chefe não foi muito intransigente ao demiti-los?

Porque eles semearam vento, irão colher redemoinhos.

Oseias 8, 7

Altruísmo

O empregado certo na empresa errada.

Não suporto mais ouvir de meus superiores que sou excessivamente bonzinho. Isso porque a empresa privilegia os que não hesitam em prejudicar os outros para conseguir resultados melhores. Não tenho temperamento para entrar nessa guerra que considero sem sentido, já que, se nos ajudássemos, conseguiríamos resultados melhores, e com muito menos desgaste. Apesar de minhas boas intenções, acabei ficando com esse rótulo pejorativo de "o bonzinho".

Não nos cansemos de praticar o bem, porque o bem colheremos no devido tempo se não desfalecermos.

Gálatas 6, 9

Constrangimento

Entre ser criticado pelo que fez ou pelo que não fez, qual a opção menos danosa?

Sou vendedor. Nossos objetivos mensais são aprovados pela gerência, mas propostos por nós mesmos. Numa reunião, cada um apresenta o número que conseguirá alcançar. Os que chutam objetivos acima do razoável são elogiados pelo gerente, e os que propõem objetivos sensatos são classificados como medrosos e sem ambição. Quando o mês termina, os corajosos são avacalhados porque ficam muito abaixo da própria meta, e os que a atingem não são parabenizados – o gerente só diz que foi pura obrigação, porque o número era ridículo. Nunca sei se o melhor é ser ousado ou sensato.

Melhor é não prometer do que prometer e não cumprir.

Eclesiastes 5, 5

Controvérsias

Não deixe que uma gota se transforme em torrente.

Por vezes, sinto-me como se trabalhasse em uma empresa onde a inteligência foi abolida. Um simples comentário de um, que desagradou a outro, começa a crescer em proporção até que os dois briguentos deixem de conversar. Pelo menos metade dos colegas já está de relações cortadas, e o número vem aumentando. Mais um pouco, ninguém mais irá trocar ideias, apresentar boas sugestões ou mesmo dar um bom-dia, somente porque pequenas rusgas sem importância fugiram de controle.

Como o vazamento em uma represa, assim é o começo de um desentendimento. Portanto, desista antes que irrompa uma discussão.

Provérbios 17, 14

Maledicência

Informe-se bem antes de tomar medidas drásticas.

Minha culpa. Assumo. Uma colega me cochichou que outro colega havia dito algumas inverdades sobre mim a nosso chefe. Na hora fui tirar satisfação, e o colega, como era de esperar, negou a história. Porém ele se propôs a ir comigo conversar com o chefe, e eu fui. O chefe ficou surpreso com o fato e confirmou que ninguém tinha falado mal de mim para ele. Fiquei com a cara no chão. Fui esclarecer a situação com a colega que tinha gerado a encrenca, e ela, cinicamente, me disse: "Ah, então acho que entendi mal". Aprendi a lição. Nunca mais vou acreditar no primeiro que vier me contar um caso.

O perverso espalha conflitos, e o detrator separa até grandes amigos.

Provérbios 16, 28

Religiosidade

Em todo lugar, há gente boa e gente fingida.

Tenho um companheiro de trabalho que sempre mostrou ser muito religioso. Essa faceta fez com que eu me aproximasse dele e confiasse nele o suficiente para compartilhar minhas opiniões pessoais sobre a empresa. Um dia, meu gerente me chamou na sala dele e me perguntou se eu tinha feito um determinado comentário. Ter, eu realmente tinha, mas somente o fizera para aquele companheiro em quem eu tanto confiava. Como também tenho a minha crença, fiquei atônito com o uso inapropriado da fé por parte de meu companheiro de trabalho. Agora, evidentemente, ex-companheiro.

Se alguém se julga religioso mas não consegue refrear a língua e engana ao próprio coração, então sua religiosidade é vazia.

Tiago 1, 26

Alvíssaras

Nossa opinião pode mudar da água para o vinho?

Essa vida é engraçada. Sempre achei que meu chefe era feio de aparência, além de antipático. Sem mencionar que ele era um zero à esquerda para escolher suas roupas, sempre malvestido. Mas tudo bem, ele certamente não havia sido promovido a chefe pela beleza, nem pelo figurino. Um belo dia ele me chamou para conversar, elogiou meu trabalho e me deu um aumento. De trinta por cento. Quase chorei de emoção. De repente, foi como se meu chefe tivesse se transformado em outra pessoa. Ficou bonito, simpático, e a roupa dele combinava perfeitamente. As pessoas são aquilo que queremos ver nelas, não é mesmo?

Como está escrito, "que belos são os pés daqueles que anunciam coisas boas!".

Romanos 10, 15

Traje

Dúvida cruel, mas não muito.

Vou a uma entrevista de emprego para uma vaga de secretária, em uma companhia enorme, na qual eu gostaria muito de trabalhar. Como devo me vestir? Não quero parecer moderna e liberal se a empresa for conservadora, nem o contrário. Não quero correr o risco de ser descartada do processo por causa de uma roupa ousada, de brincos, colares e pulseiras, mas tenho o receio de correr esse mesmo risco se me vestir com muita simplicidade.

Que as mulheres se mostrem formosas em vestimentas respeitáveis, com pudor e sobriedade, não com tranças, ouro e pérolas, ou roupas dispendiosas.

1 Timóteo 2, 9

Anarquia

Onde todos querem mandar, poucos obedecem.

É impressionante como as orientações mudam de um dia para outro aqui no trabalho. O que ontem podia, hoje não pode mais, e amanhã virá uma nova ordem, diferente das anteriores. Tem tanta gente dando palpites e querendo decidir que já não sabemos mais em quem acreditar ou a quem obedecer. Não é por acaso que os resultados da empresa estão indo por água abaixo; temo pelo futuro dela e pelo meu.

Para que deixemos de ser como crianças, que são atiradas de um lado para outro pelas ondas e carregadas por qualquer vento de doutrina.

Efésios 4, 14

Relutância

O caminho é reto e desimpedido, mas sempre há quem procure um desvio.

Sou gestor de uma empresa. Tento ser o mais compreensivo que posso, fechando os olhos para pequenos deslizes de comportamento de um par de funcionários mais rebeldes. Procedo assim porque o ambiente de trabalho é bom, mas tenho receio de vir a perder minha autoridade se não começar a agir com maior severidade.

Portanto, quem sabe qual é a coisa certa a fazer e deixa de fazê-la, está pecando.

Tiago 4, 17

Desaforo

Controle seus instintos.

É o seguinte. Meu supervisor me criticou de um modo que não gostei. Eu já estava nervoso por meu trabalho estar atrasado, e ele me chamou para cobrar maior rapidez. Respondi para ele que, em vez de me ajudar, ele estava me fazendo perder mais tempo ainda. Ele não gostou e disse que eu era petulante. Nunca ninguém tinha me chamado disso, saí da sala e deixei o supervisor falando sozinho. No dia seguinte, eu já estava calmo, mas ele não. Acho que vou ser despedido por uma ninharia.

Da insolência nada resulta senão conflitos, mas aqueles que procuram conselhos encontram a sabedoria.

Provérbios 13, 10

Fraqueza

Não deixe que sua imagem seja prejudicada por algo fora de seu controle.

Não é que eu queira falar mal de meu chefe, mas tem uma coisa nele que preocupa a todos nós, seus subordinados. Ele não consegue tomar uma decisão, por mais simples que seja. Demora para dizer alguma coisa e logo em seguida diz que não é para considerarmos o que ele disse, porque precisa pensar melhor no assunto. Fico me perguntando por que alguém assim foi promovido a chefe, mas acredito que a empresa tenha tido seus motivos. Decidi que vou procurar outro emprego, porque a imagem dele afeta a nossa. Somos vistos na empresa como coitadinhos.

Gente que é indecisa, inconstante em todos os seus caminhos.

Tiago 1, 8

Fidelidade

Tente enxergar a situação pelo ponto de vista do outro.

Temos um colega que não possui nenhuma característica marcante. Não é o mais eficiente, nem o mais inteligente, nem o mais criativo, e parece não ter um pingo de ambição na vida. Mas, sabe-se lá por quê, é o preferido de nosso encarregado. Quando tem que apontar alguém como exemplo para os demais, o encarregado sempre elege o "banana", como nós apelidamos o colega apagado (claro que sem ele saber). O que ele faz é cumprir ordens, de cabeça baixa, sem perguntar nada. Dá para explicar como o pior funcionário do setor consegue ser o mais prestigiado?

Nenhum soldado se envolve em outras atividades, porque seu objetivo é satisfazer àquele que o arregimentou.

2 Timóteo 2, 4

Requisitos

O que é preciso demonstrar.

Abriu uma vaga de líder em meu departamento. Como é de praxe, a empresa permitiu que funcionários se apresentassem como candidatos, e eu me apresentei. Mas nem cheguei ao segundo turno. Dos seis candidatos, três foram eliminados sem nem sequer passar por entrevistas com o pessoal que tomaria a decisão final. Fui perguntar por quê, e me foi dito que sou muito calado e praticamente não converso com ninguém. Por isso, não daria para saber como eu me comportaria se fosse promovido a líder. É verdade, de fato sou quieto, mas isso é motivo suficiente para me eliminar do processo?

Além disso, o que se requer nos encarregados é que cada um deles seja considerado digno de confiança.

1 Coríntios 4, 2

Incógnito

Deixe para revelar o que você sabe quando for necessário.

Tivemos uma surpresa e tanto em nossa reunião de planejamento. Participam dela vários setores da companhia, e um deles foi representado por um garoto. Nós já o conhecíamos de outras reuniões, mas nunca prestamos muita atenção nele, porque ele só falava o óbvio. Bom. Depois de uma hora de reunião, surgiu uma dúvida sobre um assunto bem complicado, e ninguém sabia que rumo sugerir. Chamaram o diretor, que também ficou em dúvida e perguntou se alguém queria arriscar um palpite. O garoto levantou a mão e ofereceu uma solução brilhante. Isso faz dois meses. O diretor ficou tão impressionado que deu um aumento para o garoto. Quem diria. E nós, que pensávamos que éramos todos gênios, ficamos chupando o dedo.

O homem prudente esconde seu conhecimento, mas o coração dos insensatos proclama a tolice.

Provérbios 12, 23

Resposta

Um segundo para mostrar o que é.

Fui a uma entrevista de emprego. Era uma ótima vaga em uma boa empresa, e eu me preparei bem. Li tudo o que encontrei sobre a empresa, treinei em frente ao espelho minhas respostas para aquelas perguntas mais usuais e fui para a entrevista cheio de coragem. Logo de cara, o entrevistador me perguntou: "Se o seu chefe lhe pedisse para fazer algo que contrariasse a lei mas que a empresa vem fazendo há anos, você faria?". Parei para pensar, porque a pergunta era tão clara que aquela me pareceu ser uma situação real, e não uma hipótese. Daí, comecei a dar uma explicação sobre qual seria meu procedimento e fui cortado rapidamente pelo entrevistador, que passou para a pergunta seguinte e logo depois encerrou a entrevista. Não consegui o emprego. O que eu deveria ter respondido?

Diga simplesmente "sim" ou "não". Qualquer coisa além disso provém do mal.

Mateus 5, 37

Hábito

Acorde para a realidade.

Não sei quanto isso pode me prejudicar, mas gosto de tirar um cochilo após o almoço. É um hábito que tenho desde a infância, e nunca pensei em me livrar dele. Vou ao banheiro da empresa, dou uma cochilada de quinze ou vinte minutos e volto revigorado para o resto da tarde. O problema é que alguns colegas já descobriram que faço isso e me apelidaram de "soneca". Apelidos desse tipo atrapalham a carreira, ou tudo fica só na brincadeira?

Não aprecie o sono, para não empobrecer; mantenha seus olhos abertos, e você terá fartura de pão.

Provérbios 20, 13

Retiro

Preze o seu período de paz interior.

Meu trabalho é estressante. Muita pressão, cobranças contínuas e praticamente nem um só minuto para uma conversinha que ajude a desanuviar. Pensei em tirar um período de férias de trinta dias e ir para um lugar onde eu possa meditar. Meu gerente me disse que isso é frescura de gente rica e que eu deveria tirar só vinte dias de férias, sendo dez no primeiro semestre e dez no segundo, porque a empresa precisava de mim. É isso mesmo, meditação é algo visto pelas empresas como perda de tempo?

Mas Ele se retirava para lugares desolados e ali orava.

Lucas 5, 16

Diversão

Um sorriso ajuda a clarear o ambiente.

Estou sempre sorrindo durante o expediente. É o meu jeito, em casa e no trabalho. Mas meu chefe me falou: "Se você enxerga o mundo cor-de-rosa, acho que ninguém lhe explicou qual é a situação". Embora ele tenha dito isso meio que brincando, fiquei com a impressão de que foi um recado sério. O que faço, choro?

Há um grande ganho na bondade com contentamento, porque nada trouxemos para este mundo, e dele nada poderemos levar.

1 Timóteo 6, 6-7

Padronização

É possível ser diferente vestindo-se igual?

A direção da empresa decretou que todos os funcionários deverão usar uniforme. "Decretou" é mesmo o termo, porque ninguém nos perguntou se gostaríamos de nos vestir como presidiários, todos com roupa igual. A gente gasta uma nota comprando roupas gostosas de vestir e que se pareçam com o que somos por dentro, e agora temos que aceitar ser padronizados como tijolos de construção? É justo isso?

E por que tanta preocupação com o vestuário? Considerem como crescem os lírios do campo, que não tecem, nem fiam. Eu lhes afirmo, contudo, que nem Salomão, em todo o seu esplendor, se vestiu como um deles.

Mateus 6, 28-29

Dolo

Se muitos fazem, o tamanho da trapaça é amenizado?

A empresa em que trabalho tem por norma não dispensar empregados que pedem para ser demitidos. Porém, como a demissão sem justa causa acrescenta ao cálculo da rescisão uma multa referente ao fundo de garantia, recentemente alguns colegas adotaram um recurso para forçar a demissão. Eles fizeram corpo mole, acabaram sendo dispensados e conseguiram embolsar essa quantia extra. Sei que esse não é um procedimento correto, mas, já que a empresa abriu a porteira e mais gente vai passar por ela, será que eu também não poderia aproveitar a brecha?

Entre pela porta estreita. Porque larga é a porta e espaçoso o caminho que conduz à perdição, e muitos são os que entram por ela.

Mateus 7, 13

Lentidão

Procure acompanhar o ritmo do trabalho.

Não sou preguiçoso, porque isso é um defeito. Sou apenas um pouco mais demorado que a maioria. Um esmorecimento reduz a minha velocidade e o meu ânimo. Certa apatia, segundo me disse um amigo. As empresas entendem que existem pessoas como eu, ou todo empregado precisa ser um cavalo de corrida?

A preguiça provoca um sono profundo, e o desocupado padecerá de fome.

Provérbios 19, 15

Insignificância

O pouco também pesa, e às vezes pesa muito.

Até agora não acredito. Eu e mais onze jovens fomos aceitos como estagiários por uma empresa. Sabíamos, desde o começo, que só haveria uma vaga para efetivação. Portanto, dez sairiam e um ficaria. Pois bem. O tempo passou, e chegou a hora de a empresa decidir quem seria o felizardo. O coordenador de estágio nos chamou e pediu que escrevêssemos um texto respondendo à pergunta "Por que eu devo ser o escolhido?", e nos disse que a resposta poderia ser entregue até a tarde do dia seguinte, quando haveria a reunião final. Saímos todos para pensar numa mensagem bem caprichada. Isto é, todos, menos um. Uma colega rabiscou alguma coisa ali mesmo, na hora, e a entregou ao coordenador. No dia seguinte, quando entregamos nossos textos, descobrimos que eles eram o único teste e que nossa colega apressadinha havia sido a escolhida. Pensamos que haveria uma bateria de entrevistas e testes, mas não houve nada disso. Só uma miserável cartinha. Foi muito frustrante.

E seu senhor lhe disse: "Muito bem, bom servidor; por ter sido confiável no pouco, você terá autoridade sobre dez cidades".

Lucas 19, 17

Integridade

Maus exemplos sempre existiram, e sempre existirão.

Todos os dias, leio notícias sobre escândalos, roubos e corrupção. Aí, vou trabalhar e não posso deixar de notar que, em minha própria empresa, existem pessoas cujas posses estão muito além dos salários que recebem. Um, que ganha a metade do que ganho, tem um carro que eu jamais poderia pensar em comprar. Outro tem uma casa num condomínio à beira-mar, enquanto eu peno para passar uns dias por ano na praia com minha família, em um hotel três estrelas. Será que estou na empresa errada, ou será que estou sendo muito ingênuo?

Melhor é o pobre que caminha em sua integridade do que o rico perverso em seus caminhos tortuosos.

Provérbios 28, 6

Desígnios

Que herança iremos deixar?

Meu pai trabalhou por quase quarenta anos e se aposentou com proventos apenas suficientes para suas necessidades básicas. Mesmo assim, ele diz que fez tudo o que poderia para deixar aos filhos uma herança não de dinheiro, mas de exemplo. Ouço com respeito o que ele fala, mas acho que ele teve uma vida sofrida, que não quero ter. Ainda estou na fase do sacrifício, de trabalhar muito e ganhar pouco, mas um dia quero estar muito melhor financeiramente do que meu pai conseguiu.

Os anos de nossa vida são setenta, ou, havendo vigor, oitenta. Mesmo assim, os anos passam com labuta e dificuldade; eles logo se vão, e nós partimos.

Salmos 90, 10

Prudência

A diferença entre quem fez e quem acha que pode fazer.

Estou entrando agora no mercado de trabalho e não sei se tive a sorte, ou o azar, de ter um primeiro chefe que é conservador até a medula. Para ele, nada deve ser feito sem um planejamento cuidadoso e ninguém deve contrair dívidas, nem mesmo para comprar em prestações. Se não podemos ter alguma coisa agora, ele fala, insistir em tê-la só complicará nossas finanças pessoais. Já eu acredito que é preciso arriscar e ter coragem na vida, e que o excesso de cautela provoca mais decepções do que alegrias. Por isso, não vejo a hora de trocar de chefe.

O simplório acredita em qualquer coisa, mas o prudente atenta para seus passos.

Provérbios 14, 15

Motivação

A mensagem depende tanto do conteúdo quanto do estilo.

Meu gerente diz que o forte dele é ser um motivador de equipes. Ele gosta de fazer discursos para exortar os subordinados a lutarem para superar as metas, e faz isso como se estivesse num palco, falando para uma multidão. Só que o linguajar que ele utiliza é mais apropriado para um banheiro público. São palavras que até bandidos pensariam duas vezes antes de usar, e meu gerente as despeja com naturalidade e sem nenhum pudor. Pergunto se isso é mesmo o que as empresas chamam de motivação, porque eu fico não só desmotivado, como também muito irritado.

Que palavras torpes não saiam da boca de vocês, mas unicamente as que forem boas para construir e que sejam apropriadas para a ocasião, para que elas possam transmitir graça aos que ouvem.

Efésios 4, 29

Enxerimento

Tem gente que não se enxerga.

Um colega de trabalho, desses que adoram palpitar sobre a vida do próximo, ficou sabendo que eu havia feito um pequeno empréstimo num banco e veio me oferecer alguns conselhos sobre aplicações financeiras. Fiquei paralisado de surpresa. Esse colega deve para todo mundo, está sempre estourando o cheque especial e, pior de tudo, já pediu dinheiro emprestado a vários colegas nossos e não pagou. Preferi não iniciar uma discussão que não levaria a nada, mas como é que um caloteiro pode achar que alguém lhe daria atenção em questão de uso sadio de dinheiro?

Por que você vê o cisco no olho de seu semelhante, mas não nota a tora que está em seu próprio olho?

Mateus 7, 3

Sonhos

Os pragmáticos vivem com maior segurança, mas os sonhadores mudam o mundo.

Tenho uma carreira sólida, com conhecimentos práticos e acadêmicos. Trabalho na função que planejei, mas tenho um sonho em outra carreira, nova e desafiadora. Não teria a estabilidade atual, mas seria a realização de um sonho. Devo correr atrás de sonhos ou viver a realidade intensamente?

E contra ele conspiraram, dizendo uns aos outros: "Lá vem aquele sonhador".

Gênesis 37, 19

Panelinhas

Fuja delas.

Aqui na empresa há um grupo que permanece todos os dias depois do expediente, somente para falar mal de tudo e de todos. São azedos, criticam as pessoas e as decisões que elas tomam, e parece que nunca estão satisfeitos com nada. Um deles já me disse que preciso me juntar ao grupo, porque teria muito a contribuir, mas tenho procurado me esquivar. Acredito que minha recusa acabará fazendo com que eu vire mais um assunto nas conversas deles.

Esses são resmungões e descontentes, seguindo suas detestáveis paixões. São linguarudos arrogantes e aduladores por interesse.

Judas 1, 16

Propaganda

Mostre-se através de seu trabalho.

Não é que eu queira me gabar, mas também não quero fingir falsa modéstia. Acredito que tenho muito futuro aqui na empresa, ao me comparar com aqueles colegas que poderiam ser eventuais concorrentes meus em uma futura promoção. Concluí que tenho mais estudo do que eles, além de possuir outras qualidades desejáveis, como liderança e visão de longo prazo. Só não sei bem como fazer com que esses atributos cheguem ao conhecimento dos superiores que decidem sobre promoções.

Deixe que outros elogiem você, e não a sua própria boca.

Provérbios 27, 2

Conselheiros

Muita gente discutindo um tema ajuda ou complica?

Tenho uma dúvida. Qual é a diferença entre especialista e palpiteiro? Temos uma reunião mensal aqui na empresa, na qual são discutidos assuntos de diversos setores. Participam funcionários de todos eles, e fico impressionado com a capacidade de um oferecer ideias para a área do outro, mesmo sem ter conhecimento específico para isso. Meu diretor diz que esse sistema de fato produz um amontoado de sugestões descartáveis, mas que sempre surgem palpites muito aproveitáveis, mesmo vindos de outros setores. Como ele chegou a diretor, deve saber o que está falando, mas me parece que deixar um assunto ser discutido somente por quem tem competência economizaria tempo e evitaria conversas inúteis.

Os projetos falham sem aconselhamento, mas têm êxito com muitos conselheiros.

Provérbios 15, 22

Premência

O que vem antes: a urgência ou a qualidade?

Pergunto o que é mais importante: dedicar-me a um trabalho com calma e entregá-lo bem-feito ou atender aos inúmeros pedidos de meu chefe, que seguidamente me pede para parar o que estou fazendo e começar outra coisa? Eu sem dúvida optaria pelo primeiro caso, mas meu chefe diz que é ele quem decide o que devo fazer. Aí está o problema. Se obedeço, meu trabalho não é o melhor que eu poderia fazer. Se desobedeço, levo uma repreensão. Por que tudo tem que ser tão complicado?

Portanto, vejam cuidadosamente como vocês caminham, não como insensatos, mas como sábios, e fazendo o melhor uso de seu tempo, porque os dias são maus.

Efésios 5, 15-16

Impasse

O que dói menos: perder o melhor ou estragar o ambiente?

Veja só a minha situação. Sou proprietário de uma pequena indústria, e meu melhor empregado, do ponto de vista técnico, é também o maior criador de casos. Embora eu reconheça nele ótimas habilidades funcionais, nenhum de seus colegas consegue suportá-lo, porque ele nunca deixa de fazer comentários irritantes e depreciativos. Diariamente, tenho que largar o que estou fazendo para apaziguar os ânimos na fábrica. Sinceramente, não sei o que fazer. Se demito o indivíduo, não conseguirei achar outro igual pelo mesmo salário. Se o mantenho, o relacionamento só tenderá a piorar.

Livre-se do mordaz; o conflito deixará de existir, e cessarão as disputas e a injúria.

Provérbios 22, 10

Represália

Enfrentamentos geram mais confrontos, e no fim ninguém tem razão.

Não gosto de discórdia. Dizem na empresa que sou meio estourada, mas não é verdade. Só falo mal de quem fala mal de mim. E, aí, ninguém me segura. Falo mesmo.

Afaste de sua boca a falsidade, desvie de seus lábios a maldade.

Provérbios 4, 24

Indiscrição

A língua solta afasta os bons empregadores.

Fui a uma entrevista de emprego. O entrevistador era tão simpático e a conversa foi tão agradável que contei uma série de coisas sobre minha empresa atual, que não sei se deveria ter contado. De qualquer forma, saí da entrevista com a certeza de que tinha conseguido a vaga, mas nunca mais recebi qualquer notícia.

Quem fala demais revela segredos; o fiel de espírito os guarda.

Provérbios 11, 13

Desilusão

Maus momentos testam nossa resistência e nossa capacidade de superação.

Estou desapontada, decepcionada, descontente. Uma colega de trabalho, que treinei quando ela foi contratada e a quem ensinei tudo, mostrou-se em pouco tempo uma oportunista. Ela conspirou até cair nas graças da chefia e, na base da bajulação, conseguiu um reajuste de salário. E passou a ganhar bem mais que eu, apesar de todo o meu tempo de casa, do meu profissionalismo e da minha dedicação.

O perverso recebe um salário ilusório, mas quem semeia a retidão terá sua segura recompensa.

Provérbios 11, 18

Penhor

Se não tiver certeza de que poderá cumprir, não prometa.

Eu me comprometi com um prazo pedido por um cliente e não consegui cumpri-lo. Como resultado, a firma perdeu o cliente. Tudo bem, a culpa foi minha, reconheço. Mas meu chefe não aceitou minhas explicações e me deu uma carta de advertência que vai manchar minha carteira. Aí, já não concordo. Muita gente também já me prometeu coisas e não cumpriu, nem por isso fiz um carnaval. Também já fiz muito pela empresa e não recebi nenhum prêmio por isso. Por que agora devo ser castigado por um pequeno deslize?

Quem despreza a palavra empenhada pagará por ela, mas será recompensado aquele que respeitar o mandamento.

Provérbios 13, 13

Aplicação

O que é para ser feito deve ser feito.

Veja se não estou certo. Sou responsável por uma série de controles diários. Para executar todos eles como manda a cartilha, fico sem tempo até para tomar um café. Tive então uma ideia. Levantei os problemas ocorridos no último ano, classifiquei os controles por ordem de risco e passei a executar antes os mais importantes. Se não dá tempo para ir até o fim, tudo bem, os que ficam faltando não causarão estragos. Meu chefe me disse que a ideia era boa, mas mesmo assim eu tinha a obrigação de executar todos os controles. Acho que ele ficou com inveja por eu ter pensado em algo em que ele não pensou.

Quem é negligente em seu trabalho se assemelha ao destruidor.

Provérbios 18, 9

Afobação

Ouça até o fim.

Compreendo as coisas rapidamente. Basta me dizer o que é para fazer, e pronto. Não preciso ficar ouvindo detalhezinhos que não acrescentarão nada. Meu superior me repreendeu por eu ter o costume de dizer "já entendi" quando ele ainda está no meio das longas explicações que costuma dar. O que ele chamou de falta de respeito, chamo de produtividade. Quem está certo?

Responder antes de ouvir é insensatez que provoca vergonha.

Provérbios 18, 13

Preparação

Quem espera não alcança.

Surgiu uma possibilidade de um de nós aqui do departamento ser promovido a encarregado. Eu teria quase todas as condições de ser o escolhido, mas não fui porque não falo inglês, e a literatura técnica que usamos é toda em inglês. Tudo bem, no ano passado meu gerente tinha me falado para eu fazer um curso de inglês, mas argumentei que nem usávamos a literatura porque sabíamos os procedimentos de cor e não fiz o curso. Pensei que o gerente tivesse concordado com meu ponto, mas vejo que não, e perdi a oportunidade. Não achei justo ter sido passado para trás por tão pouco.

O preguiçoso não prepara a terra no tempo devido; por isso, na época da colheita, procura por frutos e nada encontra.

Provérbios 20, 4

Humor

A compreensão funciona mais que a repressão.

Aprendemos uma bela lição de como lidar com uma situação desconfortável. Nosso escritório era um antro de descontentes. Só se ouviam queixas e reclamações. Nada estava bom. Um dia, nosso chefe promoveu um concurso. Pediu que cada funcionário descrevesse o que deveria ser mudado. O título era "Se eu fosse chefe". Depois, todos votariam no melhor trabalho e o vencedor receberia um prêmio. Quando os trabalhos foram publicados, nossa reação ao lê-los foi de espanto. Os que não eram inexequíveis eram simplesmente ridículos. O vencedor foi um colega que escreveu uma obra de ficção, muito bem-humorada, que terminava dizendo: "Se eu fosse chefe de uma turma como esta, já estaria internado num sanatório". E aí, de um dia para outro, tudo o que era queixa virou piada.

Os chefes se multiplicam quando uma nação se revolta, mas um líder sábio e prudente consegue manter a ordem.

Provérbios 28, 2

Excesso

Se um consegue, por que outro não conseguiria?

Gritei com uma colega. O escritório inteiro ouviu e parou para tentar entender o que me havia feito explodir. Não é comum que eu grite com as pessoas, mas confesso que às vezes não consigo segurar minhas reações. E ainda acredito que tive motivos suficientes para perder a calma com minha colega. Mas o pior foi a reação dela. Em vez de se defender, ela ficou me olhando com uma expressão neutra, sem ironia, sem desprezo, sem perturbação e sem nem sequer demonstrar que havia sido afetada. Se gritar já não me fez bem, ter meu grito ignorado me deixou pior ainda. Acho que preciso tomar uns calmantes.

O insensato dá vazão à sua raiva, mas o sábio se controla e a reprime.

Provérbios 29, 11

Senioridade

Idade não é barreira, mas pode ser um trampolim.

Passei dos quarenta anos e completei vinte de vida profissional. Como muita gente, também tenho um chefe que poderia ser melhor. No caso do meu, ele não ouve sugestões. Tudo o que proponho, ele não avalia com a devida atenção e só me diz para fazer como eu achar melhor. Essa era a situação até recentemente, quando um garoto de vinte e poucos anos foi admitido para trabalhar comigo. Rapidamente, descobri que ele sabe muito e que é melhor do que eu em várias coisas. Relutei em admitir que poderia receber alguma orientação de alguém com a metade de minha idade, mas estou chegando a uma conclusão preocupante: venho tratando o garoto como meu chefe sempre me tratou. Se eu aceitar as sugestões que ele me dá, e que são proveitosas em sua maioria, será que não estarei perdendo minha autoridade de veterano?

É melhor um jovem pobre e sábio do que um rei velho e insensato, que já não dá atenção a conselhos.

Eclesiastes 4, 13

Artimanha

Toda ideia parece ótima quando não avaliamos o que pode dar errado.

Cansado de pedir um aumento, sem nunca conseguir, decidi apelar para um blefe. Falei para meu chefe que havia recebido uma proposta de outra empresa. Ele me perguntou se eu estaria disposto a ficar se a proposta fosse igualada. Respondi que sim. Ele me perguntou então se eu pediria a conta caso não fosse possível cobrir a proposta. Novamente, respondi que sim. "Nesse caso, espero sua carta de demissão ainda hoje", ele me falou. Aí eu gelei e tentei explicar que ainda não era uma proposta definitiva, apenas uma sondagem de outra empresa, e que eu estimava a empresa atual e não gostaria de sair. "Então fique", meu chefe falou. Conclusão: não consegui o aumento e ainda saí desmoralizado da conversa.

Aquele que cavar um buraco cairá nele, e quem derrubar um muro será picado por uma cobra.

Eclesiastes 10, 8

Fidedigno

A empresa não é a sua causa; a sua causa é a sua carreira.

Já faz algum tempo, começaram a circular rumores de que a empresa em que eu trabalhava poderia ir à falência porque havia contraído uma dívida bancária enorme que se tornara impossível de pagar. Eu tinha minha família e minhas obrigações, e decidi não esperar para ver o que aconteceria. Procurei outro emprego, consegui e comuniquei a meu superior que estava saindo. Ele ficou furioso e me disse que eu estava abandonando o barco no momento em que a empresa mais precisava de funcionários devotados. Saí como um desertor desleal, mas sem entender direito: uma empresa pode mesmo esperar que seus funcionários se disponham a afundar com ela?

O mercenário, que não é o pastor a quem as ovelhas pertencem, vê o lobo se aproximar e foge, abandonando as ovelhas. E o lobo as ataca e as dispersa.

João 10, 12

Apavoramento

Normalmente, quem mais pede é quem menos merece.

Sou do setor de Recursos Humanos. A empresa não tinha um plano de carreira, e essa era uma reivindicação constante de nossos funcionários. Este ano, finalmente, implantamos o plano, juntamente com uma avaliação de desempenho, deixando claro que a evolução da carreira dependeria de como cada um fosse avaliado, e não somente do tempo de casa. Fizemos a primeira avaliação, bastante criteriosa, e ela revelou que os funcionários que mais reclamavam foram os que tiveram as piores avaliações. Agora, esse grupo está pleiteando que todo o processo seja cancelado e que retornemos ao sistema antigo, sem planos nem avaliações. Realmente, não dá para contentar quem nasceu para ser descontente.

Quando a justiça é feita, os justos se alegram e os malfeitores se apavoram.

Provérbios 21, 15

Delicadeza

Em meio a muitas aprovações, espere sempre alguma rejeição.

Não gosto de levantar a voz. Sempre falei baixo, porque acredito que o volume não melhora a mensagem. Vi uma colega de trabalho toda atrapalhada, andando de um lado para o outro, com cara de quem precisava de alguma ajuda. Decidi ajudar. Esperei que ela se sentasse, aproximei-me e perguntei se havia algo que eu pudesse fazer para ajudá-la. Sem nem olhar para mim, ela me mandou cuidar de minha vida. Fiquei tão espantada com essa resposta que saí cambaleando, sem entender nada. Será que preciso aprender a falar mais alto? Ou parar de oferecer ajuda a quem pareça estar precisando?

Não sussurre aos ouvidos do insensato, porque ele desprezará o bom senso de suas palavras.

Provérbios 23, 9

Representante

Se você tem um dom, use-o.

Nem me lembro direito como, mas acabei sendo nomeado porta-voz informal de meus colegas. Quando eles começaram a perceber que eu não tinha receio de ir falar com nossos superiores, passei a receber pedidos nesse sentido. Coisas até simples, como uma colega que precisava faltar ao trabalho na semana seguinte e não tinha coragem de encarar o chefe para solicitar a dispensa. Meu chefe não gosta muito da situação e já me alertou para o fato de que posso vir a ser prejudicado por defender causas que não são minhas. Concordo com ele, mas meus colegas continuam me pedindo esses favores. De certa forma, eu me tornei a voz dos que acham mais seguro ficar quieto. Não sei se isso é bom ou ruim.

Abra sua boca a favor do mudo e pelos direitos de todos os que são desamparados.

Provérbios 31, 8

Escolaridade

Vá em busca do diploma que lhe falta.

Parei de estudar cedo, por questões financeiras. Consegui um emprego, fui evoluindo nele e me sinto satisfeito por ter chegado até aqui. Porém, estou ciente de que não vou passar deste ponto se não completar os estudos que me faltam. Meu tempo disponível não é muito, o dinheiro ainda está curto, e me aflijo perguntando se o sacrifício valerá mesmo a pena.

Adquira sabedoria. Mesmo que custe tudo o que você tem, adquira entendimento.

Provérbios 4, 7

Instrução

Faça o que a situação lhe permite, mas não deixe de fazer.

Gosto de aprender e de estudar. Já encontrei alguns cursos que eu apreciaria fazer, mas o problema é a natureza de meu serviço. Viajo muito, por isso não tenho condições de frequentar uma escola. Andei me informando sobre cursos de ensino a distância, mas nunca passei pela experiência de estudar sozinho. Pergunto se essa seria uma opção válida ou se o mais recomendável é esperar até que um dia, quem sabe, eu possa fazer um curso presencial.

Apegue-se à instrução e não a deixe ir-se; guarde-a bem, porque ela é a sua vida.

Provérbios 4, 13

Cultura

Estudo nunca é demais, e um dia fará muita diferença.

Terminei o curso superior. Já fui aconselhado a continuar estudando, mas me sinto meio cansado. Além disso, o que aprendi é suficiente para que eu execute meu trabalho. Se eu der um tempo, isso poderá prejudicar minha carreira?

Os sábios armazenam conhecimento, enquanto a boca do ignorante convida à ruína.

Provérbios 10, 14

Impostura

Seja e pareça, mas não pareça se não for.

Uma colega de trabalho vive repetindo que é muito feliz, que sua vida é uma beleza, que a empresa é uma maravilha e coisa e tal. Por esse comportamento, ela é costumeiramente mencionada por nossa chefia como um exemplo de pessoa que gosta do que faz. Só que, quando converso a sós com ela, ouço apenas lamentações. Vale a pena fingir felicidade no trabalho para ganhar um elogio, ou é melhor mostrar a verdadeira cara para que todos saibam como realmente estamos nos sentindo?

Cada coração conhece sua própria amargura.

Provérbios 14, 10

Perfeição

Abandone o receio de não ser brilhante em qualquer resposta.

Quando alguém me diz alguma coisa, fico sem resposta. Depois, quando já não há o que fazer, uma resposta me vem à mente, prontinha, e perfeita para a situação. Isso me deixa profundamente frustrada. É como se eu vivesse em dois mundos: um em que tenho respostas brilhantes e outro em que não consigo dá-las no momento certo. Já me disseram que isso acontece porque fico pensando demais em respostas perfeitas, quando poderia dar uma não tão perfeita mas que, pelo menos, não me deixaria em silêncio, como se tivesse tido algum problema de compreensão. É isso mesmo?

Uma pessoa se alegra em dar uma resposta certeira. E que beleza é uma palavra no tempo exato!

Provérbios 15, 23

Mutismo

Silêncio não é necessariamente sinal de conhecimento.

Nos meus tempos de ensino fundamental, havia um aluno que parecia ser o mais inteligente da classe. Ele sentava na primeira fila e ficava concordando com a cabeça enquanto o professor falava. A impressão que me dava era a de que ele sabia tudo e não precisava perguntar nada. Bom. Estou começando em uma empresa e pergunto se essa atitude de concordar calado será bem-vista.

Até os incultos são tidos por sábios quando ficam calados.

Provérbios 17, 28

Discussões

Ignore quem fala sem noção do que está dizendo.

Vejo colegas discutindo o tempo todo, mesmo quando não sabem direito o que está sendo discutido e sem ter pleno conhecimento do assunto. Parece que o único propósito deles é ganhar a discussão. O que se consegue com isso?

Não responda ao insensato com tolices iguais às dele, para que você não seja como ele.

Provérbios 26, 4

Fofocas

Não jogue mais lenha na fogueira.

Como suportar um ambiente de trabalho em que a fofoca se transformou em uma espécie de diversão coletiva? A cada momento aparece um colega para contar, ao pé do ouvido e como se estivesse revelando um dos maiores segredos da humanidade, alguma inconfidência sobre outro colega.

Quando não há mais madeira, o fogo se apaga; e, onde não há caluniadores, cessam os conflitos.

Provérbios 26, 20

Aflição

Controle seus impulsos.

Não consigo me entender com uma colega de trabalho. É como se vivêssemos em ondas diferentes de tempo e de raciocínio. Eu falo e ela não entende, ela fala e eu não entendo. Aí, fico aflita para a conversa terminar depressa. Acho que não gosto dela. Não sei bem por quê, mas não gosto. Por isso, não tenho muita paciência. Irrito-me facilmente quando não conseguimos nos entender e fico ainda mais irritada quando ela me pergunta se estou nervosa e não quero confessar que, sim, estou muito nervosa.

Não brigue com outra pessoa sem razão, se ela não lhe fez nenhum mal.

Provérbios 3, 30

Recomeço

Se você for promovido, mostre que será o melhor chefe desde o primeiro dia.

Hoje, fui promovido. Estou feliz, mas tenho uma preocupação. Um de meus subordinados vai ser um colega que nunca se deu bem comigo. Começamos praticamente juntos na empresa, e ele sempre me viu como alguém que precisava ser tirado do caminho para não ameaçar o futuro que ele planejava para si mesmo. Fico pensando em como ele reagirá amanhã. E também ainda não sei ao certo como devo conduzir a conversa entre nós. Não digo nada? Converso em particular com ele ou com todo o grupo de uma vez? Imagino que ele provavelmente pensa que irei despedi-lo, mas isso já decidi não fazer. Se houver algum tipo de atrito, será causado por ele, e não por mim.

Assim, vamos em busca daquilo que nos conduza à paz e ao entendimento mútuo.

Romanos 14, 19

Negociação

Não se deixe iludir, peça o que você vale.

Aceitei o salário que me foi oferecido em uma entrevista de emprego porque o entrevistador argumentou que o valor que eu estava pedindo era muito alto, fora das condições da empresa. Agora, vejo que não era nada disso. Há colegas aqui, com menos experiência e menos competência, ganhando mais do que eu. Acredito que eu tenha sido enganada na negociação, como se o entrevistador visse em mim uma mercadoria, e não uma profissional.

"Nada vale, nada vale", diz o comprador, mas fica se gabando ao sair.

Provérbios 20, 14

Precipitação

Cuidado para não tomar o que não lhe foi dado.

Meu gerente se aposentou. Durante os últimos dois anos, ele mencionou para algumas pessoas que eu ficaria no lugar dele. Embora ele não tenha me dito nada pessoalmente, sempre acreditei que eu seria o substituto natural, e alguns de meus colegas até já me chamavam de chefe. Bom, o gerente foi embora, e eu assumi a responsabilidade pelo setor até que a empresa fizesse uma comunicação formal. Durante três semanas, fui uma espécie de gerente interino não oficial. De repente, meu mundo desabou. A empresa contratou um profissional de fora para ocupar a gerência. E eu, que vinha sendo tratado como gerente, virei motivo de piada. O pior é que não tenho do que reclamar, porque nada me foi prometido. Acho que vou pedir a conta.

A posse antecipada e apressada de uma herança, no fim, não será abençoada.

Provérbios 20, 21

Inércia

Não existe emprego seguro, apenas a impressão de que alguns possam ser.

Estou há doze anos na mesma empresa. Comecei como auxiliar e, acredite, continuo na mesma função. Já me disseram que preciso sair daqui, porque a direção me enxerga como se eu fosse uma peça de mobília, mas não sei se sair seria uma medida acertada. É certo que eu gostaria de ter um cargo melhor e ganhar mais. Por outro lado, aqui me sinto protegido e, lá fora, pode ser que eu não me dê bem. Não seria muito arriscado trocar a segurança por uma aventura, considerando que já passei dos trinta anos?

Diz o preguiçoso: tem um leão lá fora, serei trucidado nas ruas.

Provérbios 22, 13

Vício

Não procure desculpas para si mesmo.

Fui dispensado porque cheguei atrasado ao trabalho algumas vezes. Os comentários foram de que a causa tinha sido a bebida, mas não foi bem assim. Uma vez ou outra, talvez, mas não em todos os atrasos. Não bebo muito, nem bebo sempre, apenas tenho um organismo pouco resistente ao álcool. Não estou procurando justificativas, mas não sei bem o que dizer quando, em futuras entrevistas, me for perguntada a razão de minha dispensa. Obviamente, não pretendo mencionar nada ligado a bebida, porque aí seria como dar um tiro no pé.

Seus olhos verão coisas esquisitas, e seu coração dirá perversidades. Você será como quem se deita no meio do mar, ou no topo de um mastro.

Provérbios 23, 33-34

Calamidade

Maus momentos fazem parte até mesmo das melhores carreiras.

Minha vida profissional vinha se desenvolvendo de maneira lógica. Cursei boas escolas, consegui um bom emprego e aproveitei bem as oportunidades para ir crescendo na organização. Um dia, inesperadamente, nossa empresa foi comprada por outra e houve uma onda de demissões. Fui um dos dispensados, sem que ninguém tivesse ao menos se dado ao trabalho de avaliar o tipo de funcionário que eu vinha sendo ou os resultados que eu vinha mostrando. Nunca me havia acontecido nada de ruim, e agora me vem essa desgraça de uma pancada só. Estou desiludido, amargurado, decepcionado e nem sei direito que rumo tomar.

Se você vacila no dia da adversidade, a sua força é pequena.

Provérbios 24, 10

Devaneio

Situações anormais são sempre provisórias.

Meu gerente adquiriu muita confiança em mim. Começou me pedindo pequenos favores, e em poucos meses me transformei em uma espécie de faz-tudo para ele. Até já fui buscar os filhos dele na escola. Não tenho nenhum cargo, mas tenho maior prestígio do que muita gente que o tem. Sou o único do setor que entra na sala do gerente sem precisar pedir permissão. Percebo que meus colegas têm inveja de mim, e alguns insinuaram que essa minha condição de faz-tudo é passageira, mas não me preocupo com os comentários. Devo pedir um aumento de salário, ou esperar que o gerente tome essa iniciativa?

Você encontrou mel? Coma apenas o suficiente, para não se empanturrar com ele e vomitá-lo.

Provérbios 25, 16

Folgado

O humor alegra o ambiente, desde que não cause danos.

Como é que se convive com alguém que vive fazendo pegadinhas e colocando os colegas em situações embaraçosas? Trabalho com uma pessoa assim. Um dia, ele me disse que o diretor queria falar comigo com urgência. Fui correndo à sala do homem, só para descobrir que havia sido vítima de uma brincadeira perigosa de meu colega brincalhão. Por mais que a gente peça para ele parar com isso, ele insiste que está somente tornando o ambiente menos pesado. Será que eu e mais alguns colegas estamos exagerando na avaliação? Ou a figura é mesmo um perigo – tanto para os outros quanto para si mesmo – e deveria parar de brincar com fogo, para não se queimar?

Como o maluco que lança fogo, flechas e morte, assim é o homem que engana a seu próximo e depois diz: eu estava só brincando.

Provérbios 26, 18-19

Enterramento

Toda geração tem a ilusão de que seu tempo será lembrado para sempre.

Tive muitas experiências pessoais e profissionais. Aprendi muitas coisas que poderia ensinar, vi muitas outras que poderia relatar. Mas sinto que os mais jovens não estão nem um pouco interessados em saber como o mundo era há apenas três ou quatro décadas. Sinto isso na empresa em que trabalho. Quando me ponho a relatar qualquer fato que tenha ocorrido há mais de cinco anos, os jovens deixam de prestar atenção.

Já não há recordações de coisas passadas; e também não haverá qualquer lembrança de coisas que ainda estão por vir, dentre aqueles que vierem depois de nós.

Eclesiastes 1, 11

Futilidade

Todo mundo prefere ser elogiado, mas as críticas não devem ser rejeitadas.

Tive um chefe que vivia me elogiando. Hoje, tenho um que me critica. Quando meu chefe anterior deixou a empresa, ele me falou que eu poderia contar com ele quando precisasse. Por achar o chefe atual intragável, pensei: "Vou pedir a conta e trabalhar com meu chefe antigo". Liguei para ele uma, duas, dez vezes. Segundo a secretária, em nenhuma das vezes ele podia me atender porque estava muito ocupado. Mandei várias mensagens para seu correio eletrônico, e ele não respondeu a nenhuma. Será que minha avaliação estava errada? Será que meu chefe anterior era um dissimulado que me elogiava sem razão e meu chefe atual é sério e me critica com motivos?

Há lealdade nas feridas feitas por amigos, mas os beijos dos inimigos são enganosos.

Provérbios 27, 6

Transgressão

Se assumiu o compromisso, precisa respeitá-lo.

A empresa em que trabalho proíbe namoro entre funcionários. Acho isso uma prática da idade das trevas, mas a empresa é conservadora e mantém a norma. Acontece que estou namorando um colega. Na surdina, é claro. A questão é que, mesmo considerando a proibição arcaica, ao ser contratada assinei uma declaração concordando com o regulamento da empresa, que tive de ler em voz alta, palavra por palavra, na presença de uma pessoa de Recursos Humanos. Em resumo, estou fazendo algo que não é condenável pela sociedade, mas não é permitido pela empresa. Devo me sentir culpada? Muito culpada?

Quem encobre as suas transgressões não irá prosperar; mas será perdoado quem as confessa e a elas renuncia.

Provérbios 28, 13

Melancolia

Nostalgia é um álbum de boas lembranças, não um retrato fiel do passado.

Trabalho com dois senhores cujo objetivo parece ser o de fazer me sentir mal por viver nos dias atuais. Eles vivem repetindo que antigamente tudo era melhor, que a vida tinha mais prazer, que o mercado de trabalho era mais humano, sem contar que eles consideram o avanço tecnológico um crime, e não um progresso que facilitou muito a nossa existência. Será que perdi mesmo os melhores momentos da história da humanidade, ou os dois é que não conseguiram se atualizar?

Não fale: "Por que os dias passados foram melhores do que estes?". Não há sabedoria nessa indagação.

Eclesiastes 7, 10

Decolagem

Surpresas ruins podem ser minimizadas, mas não totalmente evitadas.

Estou começando minha vida profissional e sei que terei muitos desafios pela frente. Pretendo continuar a evoluir, por meio de estudos e de aprendizado prático, para evitar que alguma surpresa ruim possa vir a prejudicar minha carreira. Alguma sugestão?

Qualquer que seja o número de anos que alguém venha a viver, que tenha alegrias em todos eles; contudo, deve se lembrar de que haverá dias de escuridão, porque eles serão muitos.

Eclesiastes 11, 8

Liberdade

Seja ponderado.

Quando levo um problema para meu chefe, ele me diz: "Resolva como você achar melhor". Considero isso como uma grande demonstração de confiança, já que sou o único do setor a ter essa regalia. Porém, venho notando que algumas das soluções que encontro começam a me indispor com meus colegas, já que tenho autorização para agir, mas não poder para impor.

Cuide para que sua liberdade não venha a ser, de algum modo, uma pedra no caminho dos fracos.

1 Coríntios 8, 9

Ventura

Sempre há quem veja o mundo de outra forma.

Às vezes, tenho vontade de esganar algumas pessoas que trabalham comigo. É uma gente que acha que a empresa é um circo, uma comédia, um passatempo. Parecem se divertir com tudo, quando precisamos ter seriedade e responsabilidade.

Os dias do aflito são todos ruins, mas quem traz alegria no coração vive uma festa contínua.

Provérbios 15, 15

Inexperiência

Sem conhecimento, o perigo aumenta.

Pedi demissão de meu emprego porque não suportava mais meu chefe, e abri um pequeno negócio. Durou apenas quatro meses, infelizmente. Quebrei porque o lucro demorou mais do que eu pensava para aparecer e eu não tinha capital suficiente para continuar esperando. Uma pena, porque coragem e determinação não me faltaram.

Vontade sem conhecimento não é bom, e pés precipitados erram o caminho.

Provérbios 19, 2

Convencimento

O tempo e as ações testarão a consistência das palavras.

Por tudo o que tenho visto, lido e ouvido sobre o mercado de trabalho, deduzo que não terei dificuldades em construir uma carreira bem-sucedida. Se existe mesmo tanta mediocridade e se os chefes são mesmo tão incompetentes, gente bem preparada, como eu, já sai com uma enorme vantagem. Até agora, não vi nada que me fizesse duvidar de minhas possibilidades de chegar rapidamente a cargos de liderança.

Ai daqueles que são sábios a seus próprios olhos e espertos em sua própria opinião.

Isaías 5, 21

Ameaça

Não basta ser contra e deixar por isso mesmo.

Não estou conseguindo dormir direito. Sou vendedor, e o produto que vendo não é nada daquilo que a propaganda anuncia. Estamos enganando nossos clientes, e manifestei a meu superior minha contrariedade. Ele me disse: "Se você não está satisfeito, peça a conta". Talvez eu peça mesmo, mas lamento que algumas empresas sejam como a minha, sem consideração nem ética.

Como uma nascente enlameada, ou uma fonte poluída, assim é o justo que se curva ao perverso.

Provérbios 25, 26

Equipe

Colaboração e individualismo não convivem bem.

A empresa em que estou adota a moda dos grupos de trabalho. Para qualquer coisa que precise ser resolvida, forma-se uma equipe que irá discutir o assunto e apresentar sugestões. Sinceramente, detesto essa falsa democracia, até porque a decisão final não será do grupo, mas de um superior que não participa das discussões e recebe uma lista com as conclusões a que os participantes da reunião chegaram. Além disso, não aguento ouvir opiniões sem sentido quando sou escalada para um grupo. Se eu gostasse de ficar escutando conversa, teria estudado para assistente social. Por que a empresa não permite que cada um faça seu próprio trabalho, em vez de fazer com que todos percam tempo juntos?

Quem se isola persegue o próprio interesse e se insurge contra todas as opiniões equilibradas.

Provérbios 18, 1

Compartilhamento

Se nada há que possa ser feito, tenha um pouco de paciência.

Até entendo que, por vezes, as empresas passem por situações complicadas. O que me incomoda é a maneira desumana como algumas dessas situações são resolvidas. Veja o caso de minha empresa. Ocupávamos dois andares de um prédio. Alegando necessidade de reduzir custos, a direção decidiu colocar todos os funcionários em um andar só. Virou um inferno. Antes eu tinha espaço, agora tenho duas mesas coladas à minha. Havia silêncio, e agora é uma balbúrdia. Se preciso ir ao banheiro, encontro uma fila esperando na porta. A empresa pediu compreensão e disse que a situação é provisória, mas não mereço isso. Ninguém merece. Um horror.

Sejam receptivos uns aos outros, sem resmungar.

1 Pedro 4, 9

Revolta

Não atribua toda a culpa aos outros.

Estou profundamente desgostoso com o mercado de trabalho. A lista de meus descontentamentos não caberia nesta página, mas ressalto a incompetência dos que mandam, a covardia dos que obedecem, a ignorância geral e a completa falta de rumo na vida. Trabalhar é ser condenado a cumprir uma pena de 35 anos por um crime não cometido.

Odeio a minha vida. Vou dar vazão à minha queixa e falar de alma amargurada.

Jó 10, 1

Uniformidade

Não somos todos exatamente iguais, ainda bem.

Sempre fui uma pessoa de humor estável, regrada, decisiva, e trabalho todos os dias no mesmo ritmo e com a mesma dedicação. Tenho dificuldade para me ajustar a alguns colegas que um dia acham que tudo está ótimo e, no outro, só enxergam problemas. Não que eles sejam incompetentes, mas são instáveis, o que dificulta o meu relacionamento com eles.

Uma pessoa aprecia mais um dia do que o outro, enquanto outra pessoa aprecia todos os dias igualmente. Cada um esteja convicto em sua própria mente.

Romanos 14, 5

Afinco

Não desanime ao primeiro tropeço.

Estudei, batalhei para conseguir meu primeiro emprego, tentei fazer tudo como me foi mandado, mas não consegui passar do período de experiência. Ao completar noventa dias, a empresa me comunicou que meu contrato de trabalho não seria efetivado. O supervisor me explicou que o problema não tinha sido alguma coisa que fiz ou deixei de fazer, mas sim que a vaga fora cancelada pela direção. De qualquer forma, fiquei muito desiludido. Eu me preparei e me esforcei tanto e sofro um golpe desses logo de cara?

Os tijolos desabaram, mas vamos reconstruir com pedras talhadas.

Isaías 9, 10

Empáfia

Cada um na sua, inclusive os desdenhosos.

O dono da empresa em que trabalho é religioso e decidiu criar um "momento de oração" antes do início do expediente. Não é reza em voz alta, nem cantoria. Todo mundo fica em silêncio no próprio posto de trabalho e pede o que quer, a quem quiser. Em minha opinião, isso não tem nada a ver com trabalho e não deveria ser obrigatório. Mas, como o dono é o dono e ninguém reclamou, tive que me juntar ao grupo dos fervorosos. Agora, todas as manhãs, passo três minutos em pé, pensando nos números que vou jogar na loteria. Se eu ganhar, passo a acreditar em qualquer coisa.

Não se fie na presunção, enganando-se a si mesmo, porque ela será sua única recompensa.

Jó 15, 31

Missão

O papel aceita tudo.

Na portaria de nossa empresa existe um quadro enorme com o título de "nossa missão". Lá está escrito que nossa missão é "ser o paradigma do setor em prestação de serviço e inovação, com procedimentos calcados na ética e na responsabilidade social". Esse quadro está pendurado lá há anos, só que nosso serviço não é lá essas coisas, nosso grau de inovação é zero, e não existe nenhum programa de responsabilidade social. Se a empresa não leva a frase a sério, por que os funcionários levariam?

Cuidado, vocês confiam em palavras enganosas, que não trazem proveito.

Jeremias 7, 8

Inimizade

Evite fazer inimigos, porque eles têm boa memória.

Algo está muito errado com as pessoas. Faz um ano e pouco, tive uma altercação com um colega de trabalho. Coisa feia mesmo, com discussão e empurrões de ambas as partes. Para mim, aquilo foi um episódio isolado. Aconteceu, acabou, e pronto. Para ele, não. Ele continua até hoje a comentar que sou instável e violento, e isso prejudica muito a minha imagem na empresa. O que faço, vou ser obrigado a me rebaixar e pedir perdão por uma coisa que foi culpa dos dois?

Um semelhante que é ofendido se torna mais difícil de ser conquistado que uma fortaleza.

Provérbios 18, 19

Respeito

Não é um complemento, é o alicerce.

No primeiro dia em meu primeiro emprego, e isso foi há muitos anos, meu chefe me falou: "Tenha respeito pelos outros". Só isso, e nada mais. Eu esperava que ele fosse me dar instruções sobre meu trabalho ou falar sobre a empresa, mas a conversa se resumiu àquela frase curta e meio sem sentido, já que não havia nenhum motivo para ele acreditar que eu não seria respeitoso. Levei mais de vinte anos para entender que ele tinha razão. Tudo o que aprendi foi se tornando obsoleto com o passar do tempo, e tive que reaprender. Mas o respeito continua a ser o que sempre tinha sido. Hoje, duvido que algum chefe diga a um novo funcionário que ele precisa ser respeitoso. Mas acredito que isso é o que continua fazendo a diferença entre gostar ou não do trabalho.

O amor nunca acaba. Profecias morrerão, línguas serão extintas, conhecimentos desaparecerão.

1 Coríntios 13, 8

Medo

A determinação divina mais repetida nas escrituras é "não tema".

Sou insegura. Não tomo decisões porque tenho medo de que elas não deem certo. Quero ardentemente ter coragem, valentia, desembaraço, ânimo, assertividade, arrojo, bravura. Quero ser mais ousada, mais atirada, mais destemida. Sei todas as palavras, mas não faço ideia de como colocá-las em prática. O que me falta, confiança em mim mesma? Ou será que ser excessivamente temerosa, como sou, é mais prudente?

Não tenha medo; somente acredite.

Marcos 5, 36

Imprudência

Boatos ruins podem nascer de boas intenções.

Um amigo me garantiu que um parente dele ouviu um gerente de banco dizer que a empresa em que trabalho está em situação ruim, com muitas dívidas de curto prazo e sem recursos para saldá-las. Eu nem desconfiava disso e perguntei a dois colegas de minha seção, que também não sabiam de nada. Fui então procurar um colega da área financeira, só para me certificar de que a notícia não era verdadeira. Ele também estranhou e foi falar com o gerente. No fim, eu é que levei uma advertência por ter iniciado um boato dentro da empresa. É justo isso? Eu só estava querendo me informar.

Não espalhe falsas notícias.

Êxodo 23, 1

Supervalorização

Pense grande, mas sem perder a humildade.

Fui entrevistado para uma vaga em uma grande empresa. Quando o entrevistador me perguntou se eu já havia feito planos para minha carreira profissional, respondi que sim e que meu objetivo era ser o presidente daquela empresa. Ele falou "só isso?", e gargalhou. Considero a reação dele desrespeitosa. Não sou como essa gente que fala tudo no diminutivo: "Arrumar um empreguinho, ter uma casinha, comprar um carrinho". Não, eu penso grande e digo o que estou pensando. Estou errado?

No entanto, você não sabe o que o amanhã lhe trará. O que é a sua vida? Uma neblina que aparece por um breve momento e logo se dissipa.

Tiago 4, 14

Decisões

Qualquer caminho se torna mais fácil de trilhar quando não há distrações.

O que fazer quando um profissional se identifica com várias áreas, gosta de várias coisas, porém não consegue visualizar o melhor caminho a ser seguido? Que escolhas fazer, sem medo de errar e se arrepender depois?

E os seus ouvidos escutarão atrás de você: "Este é o caminho, siga por ele", quando você se desviar para a esquerda ou para a direita.

Isaías 30, 21

Ponderação

O caminho mais atraente pode conter armadilhas.

Eu tinha duas propostas de emprego. Uma, de uma empresa grande e antiga. Outra, de uma empresa pequena e nova no mercado. A diferença era o salário, quase o dobro na empresa menor. Nem pensei duas vezes e aceitei. No começo, fui tratado como um marajá. Depois de seis meses, fui demitido. Descobri que a empresa só estava interessada em aprender o que eu sabia e depois me trocou por alguém que ganharia menos. Pensei que havia tomado a melhor decisão de minha vida, mas dei um salto no escuro e caí num precipício.

Mas a trilha do justo é como a luz do alvorecer, que vai brilhando cada vez mais até encher o dia.

Provérbios 4, 18

Debate

Há vezes, e não são poucas, em que um conflito é necessário para que haja entendimento.

Por que se discute tanto em empresas? Na minha, cada assunto levantado imediatamente provoca uma série de opiniões contrárias. Gastamos um tempo enorme até encontrar uma solução que satisfaça a todos os debatedores. E o pior é que nosso chefe, em vez de dar uma ordem e acabar com a conversa, como seu cargo lhe permitiria fazer, ainda fica fomentando a discordância. Tudo isso não é desperdício de tempo? A conciliação não é mais importante que a discussão?

Não pensem que vim trazer paz à Terra. Não vim trazer paz, mas uma espada.

Mateus 10, 34

Indução

Filtre o que você ouve, e não abandone suas convicções.

Participei de um seminário sobre administração de carreira. Um dos monitores afirmou que quem não se veste como um vencedor, não se comporta nem fala como um vencedor, já é visto como um perdedor e está condenado a ficar mofando pelo resto da vida. E muitos dos presentes aplaudiram com entusiasmo o que ele disse. Sempre imaginei que mais importante fosse ter competência e bom relacionamento. Estou tão errada assim?

Deixe-os; são guias cegos. Se um cego guiar outro cego, ambos cairão no mesmo fosso.

Mateus 15, 14

Correção

Se a linguagem adotada pela empresa não for degenerada, adapte-se a ela.

Ao participar de uma reunião, fui corrigido (ou, mais propriamente, criticado) por usar a palavra "paralítica" para me referir à minha avó. Segundo quem me corrigiu, um gestor da área de Relações Humanas, a empresa adota a cartilha politicamente correta, que visa ao respeito à cidadania e à inclusão social. Assim, eu deveria ter me referido à minha avó como "pessoa com deficiência motora". Fiquei pasmo. Sou a favor de mudanças, mas o gestor realmente acredita que podemos mudar sentimentos só mudando palavras? Sei que essas coisas vêm e vão, mas é sensato embarcarmos em todos os modismos?

Jesus respondeu [...]: Os cegos veem, os aleijados andam, os leprosos são purificados, os surdos ouvem.

Mateus 11, 5

Bajulação

Adular os pretensiosos pode funcionar a curto prazo, mas não dá futuro.

Vejo com tristeza pessoas sendo promovidas apenas por saberem como bajular os superiores. Gente que não é melhor em nada, a não ser na arte de dizer o que um chefe presunçoso quer ouvir. Gente que elogia até o nó da gravata do chefe, mas tem dificuldade para soletrar uma palavra ou entender um texto simples. Será que vou precisar baixar minhas expectativas e aderir a essa política de adulação vazia?

Por quanto tempo vou continuar inquietando minha alma e tendo tristeza no coração todos os dias? Até quando verei meu inimigo ser exaltado sobre mim?

Salmos 13, 2

Identidade

Defina seu rumo e evite comparações com quem você não se identifica.

Coloquei como meu objetivo profissional fazer aquilo de que gosto em uma empresa idônea. Só isso. Cargos não me atraem e, se vierem, será por decorrência de meus esforços, e não porque pretendo persegui-los como se minha vida dependesse de ter um cartão de visita atrativo. Até agora, pude constatar que a maioria de meus colegas almeja exatamente o que menos me atrai: títulos, benefícios e poder. Será que vou conseguir competir em igualdade de condições com pessoas ambiciosas e nem sempre íntegras?

Não se desvie para a direita nem para a esquerda. Afaste seus pés do mal.

Provérbios 4, 27

Satisfatório

Apareça sem ser saliente e mostre-se sem ser inoportuno.

Escapei de uma lista de dispensas em minha empresa. Foram demitidos aqueles que se sobressaíam demais pelas coisas erradas, como faltas, atrasos e desatenção. E também aqueles que nunca abriam a boca para nada e por isso eram vistos como pouco interessados. Estou bem mais perto de ser enquadrado nessa segunda categoria, a dos que preferem trabalhar calados e não dar palpites. Pensei que fosse uma coisa positiva aos olhos da chefia, mas descobri que não é tanto assim. O que faço para escapar novamente, caso haja uma próxima degola?

Não seja demasiadamente perverso, nem seja um tolo. Por que morrer antes do tempo?

Eclesiastes 7, 17

Avidez

Há casos em que o prêmio pode trazer mais prejuízo do que lucro.

Quero ser promovido. O problema é que quatro colegas meus também querem. Por isso, estamos nos engalfinhando em uma batalha diária para mostrar quem é o melhor. Passo doze horas por dia na empresa, levo trabalho para casa no fim de semana, fico de olho no que meus colegas estão fazendo, e eles de olho em mim. Estamos nessa rotina maluca faz quatro meses, e já não sei bem se ela é salutar. A ansiedade tomou conta de todos nós, estamos cansados e irritados, e "lazer" é uma palavra que riscamos de nosso vocabulário. E tudo isso para ganhar 20% a mais e ter um título? Não sei se realmente compensa.

Qual de vocês, por mais ansioso que seja, pode acrescentar uma hora ao tempo de sua vida?

Mateus 6, 27

Contradições

É ouvindo muitas opiniões que você chegará à que realmente interessa: a sua.

Minhas orelhas estão ardendo de tanto escutar gente me sugerindo que profissão escolher, que curso fazer, o que ser na vida. O problema é que um me diz uma coisa, outro me diz o contrário, e eu fico cada vez mais confuso em vez de mais esclarecido. Será que não vou encontrar alguém que possa me dizer algo que realmente faça sentido?

Ouça conselhos e aceite instruções, para que você possa ganhar sabedoria no futuro.

Provérbios 19, 20

Reverência

A recorrência banal conduz à frivolidade.

Fico incomodada com a quantidade de vezes em que Deus é mencionado a toda hora aqui na empresa, em conversas informais, piadas, discussões, reclamações e lamentações. Se alguém está insatisfeito com o salário, com a chefia ou com o trabalho, parece-me que há maneiras bem melhores de tentar resolver a situação do que ficar convocando Deus como cúmplice ou testemunha. Sei que a palavra "Deus" já se incorporou à linguagem popular, mas mesmo assim me incomodo. Bastante.

Não se engane: de Deus não se zomba. Aquilo que um semear, é isso que irá colher.

Gálatas 6, 7

Nepotismo

Privilégios sem merecimento, um dia acabam.

Em meu trabalho, fico prestando atenção a meu encarregado. Ele só conseguiu o cargo por ser parente do dono. Não tem nenhum conhecimento técnico e é incapaz de tomar decisões, mas não se sente nem um pouco envergonhado. Pelo contrário, ele chega tarde ao trabalho, sai mais cedo e passa o dia cuidando de assuntos pessoais. É nessas horas que me convenço de que a vida não é justa para com quem só quer construir uma carreira com dignidade.

O pão conseguido por fraude é apetitoso para o homem, mas depois a sua boca se encherá de areia.

Provérbios 20, 17

Farsante

Duvide de quem oferece oportunidades muito fáceis.

Não sei se deveríamos nos orgulhar disso, mas fizemos uma festa porque um colega foi demitido. Não foi uma festa de celebração, mas de alívio geral. Ao ser contratado, ele parecia ser a melhor pessoa do mundo: simpático a ponto de ser pegajoso, e muito convincente em tudo o que falava. Um dia, ele apareceu com uma proposta para todos ficarmos ricos rapidamente. Uma pirâmide financeira, em que cada um colocava um dinheirinho e em pouco tempo receberia um dinheirão. Acreditamos, e perdemos tudo o que investimos. Até agora, ainda não entendi como pude ser tão burro.

Os instrumentos do canalha são perversos; ele planeja esquemas com palavras mentirosas para arruinar os mais simples, mesmo que a causa destes seja justa.

Isaías 32,7

Terminologia

Seja eficiente, não importa o nome que lhe atribuam.

Eu trabalhava em uma empresa e era chamada de "funcionária". Saí de lá e fui para outra, em que passei a ser chamada de "colaboradora". De lá, fui para uma muito maior, em que passei a ser chamada de "empregada". Atualmente estou em meu quarto emprego, e nele sou chamada de "consultora". Para mim, não houve nenhuma diferença sensível nas quatro empresas quanto ao tratamento das pessoas. Na verdade, a que me proporcionou maior aprendizado foi aquela em que eu era "empregada", que parece ser o nome menos bonito dos quatro. Será que algumas empresas realmente acreditam que só mudando o nome de uma pessoa de Maria para Mary ela vai começar a falar inglês?

Se vocês não usarem palavras que sejam fáceis de compreender, como alguém saberá o que estão dizendo? Vocês estariam falando para o vento.

1 Coríntios 14, 9

Júbilo

Quem fala muito dura pouco.

Sei que é pecado a gente se alegrar com a desgraça alheia, mas não tenho como evitar. Há menos de um ano, nosso gerente foi mandado embora. Nós gostávamos dele, mas a empresa achou que precisava de alguém mais atualizado, mais energético, mais severo nas cobranças de desempenho. Foi contratado um gerente todo cheiroso, que chegou falando que éramos incompetentes, antes mesmo de conhecer o trabalho de cada um. Tivemos que aturá-lo dizer que ele era bom e não merecia funcionários ruins como nós e que ele consertaria tudo o que estava estragado. Dois colegas nossos foram dispensados, mas os resultados não apareceram, e finalmente o gerente foi demitido por falar demais e fazer de menos. Ele saiu indignado, o que me deixou ainda mais feliz.

A soberba precede a ruína, e o espírito arrogante precede a queda.

Provérbios 16, 18

Mudança

O conceito de felicidade muda conforme a situação.

Depois de sete meses desempregado, consegui um emprego. Ao rever o martírio que passei nesse tempo sem trabalho, percebo como nossas expectativas podem mudar. Logo que perdi o emprego anterior, rejeitei as duas primeiras propostas que apareceram, uma porque o salário era baixo e a outra porque a empresa era pequena. Naquele momento, eu achava que encontraria o emprego que quisesse, onde quisesse e com o salário que pedisse. Nada disso aconteceu. Tive até que vender coisas para poder me equilibrar, sofri muito, liguei para todos os amigos que eu achava que tinha, e nada. Finalmente surgiu o emprego atual, que eu teria rejeitado há sete meses, mas aceitei de bom grado agora. Depois de muitas noites sem dormir, aprendi que nada é pior do que ficar parado.

A noite passou, o dia está nascendo. Deixemos para trás as obras das trevas e vistamos uma armadura de luz.

Romanos 13, 12

Criatividade

O mundo só evolui porque uma pequena minoria pensa diferente.

Sinto-me algo infeliz por trabalhar em uma empresa quadrada, que rejeita novas ideias como se fossem algum tipo de vírus que poderia contaminar o ambiente. Já apresentei diversos projetos que foram recusados de pronto, com esta explicação: "Não se enquadra no espírito da companhia". Já me perguntaram por que não peço a conta e vou trabalhar numa empresa que dê espaço aos criativos. E eu respondo: "Não vou porque a graça não é ser mais um, a graça é ser o único". Estou errado em querer fazer o mais difícil, que é tentar promover mudanças em uma empresa que detesta mudanças? Acho que aprendo mais aqui do que aprenderia em qualquer outro lugar.

Eu gostaria que vocês me suportassem um pouco mais em minha loucura. Tenham paciência comigo!

2 Coríntios 11, 1

Dúvida

Economizar, investir ou gastar?

Tenho 26 anos e estou naquele tipo de situação em que não chove nem molha. Gostaria de estudar, mas não tenho dinheiro para bancar bons cursos. Gostaria de ganhar mais do que ganho, só que para isso eu precisaria ter mais estudo. Neste momento, juntar algum dinheiro me parece mais importante do que gastá-lo em estudos, mas não sei se vou pensar assim daqui a vinte anos. O que é mais importante?

A sabedoria é uma proteção, como o dinheiro também é, mas a vantagem da sabedoria é que ela preserva a vida de quem a possui.

Eclesiastes 7, 12

Isolamento

Você pode se sentir solitário, mas não está só.

Gostaria de poder ser mais prestativo. Aprecio o trabalho que faço, mas ele é repetitivo. Sempre a mesma coisa, dia após dia. Também sinto prazer em conversar com as pessoas que trabalham comigo, e faço isso sempre que posso. Falo sobre espiritualidade, meditação, oração, qualidade de vida. Alguns colegas, bem poucos, apreciam esses assuntos, mas a maioria prefere o trivial: esporte, política, fofoca, crime, notícia ruim. Dizem que estou iludindo a mim mesmo, por achar que alguém esteja interessado em utopias, quando há problemas mais urgentes para resolver. Às vezes, me sinto desamparado por ser um só contra muitos.

Um pequeno punhado de fermento fermenta toda a massa.

Gálatas 5, 9

Principiante

Comece pelo básico.

Vou começar a trabalhar. Será meu primeiro emprego. Sei que ter uma boa relação com os colegas será essencial para evitar possíveis problemas. Alguma sugestão para iniciar bem esse relacionamento?

Alegre-se com os que se alegram, chore com os que choram.

Romanos 12, 15

Unidade

Colisão e coalizão são palavras parecidas, mas não poderiam ser mais opostas.

Em nosso trabalho, somos uma equipe, mas esse nome nem de longe define o comportamento dos que compõem o grupo. Cada um só pensa em si, e ninguém ajuda ninguém. Parece até que jogamos em times opostos, e não no mesmo time. Nosso superior diz que a competição ajuda, mas os resultados mostram que não. Como poderíamos implantar um verdadeiro espírito de equipe?

Se um membro sofre, todos sofrem com ele; e se um deles é elogiado, todos se alegram juntos.

1 Coríntios 12, 26

Contestação

Jovens buscam no presente respostas que só encontrarão no futuro.

Sou jovem e pretendo passar bem longe do mercado de trabalho, que na minha opinião é a maior praga que já foi inventada na história da humanidade. Trabalhar num cubículo, com horário determinado e gente dando ordens é sinônimo de infelicidade. Eu quero mais é ser feliz.

Alegre-se, jovem, em sua juventude. Deixe seu coração alegrá-lo nos dias de sua mocidade; caminhe pelos caminhos que o satisfaçam e que agradem a seus olhos. Lembre-se, porém, que de todas essas coisas Deus lhe pedirá contas.

Eclesiastes 11, 9

Incongruência

Aos olhos de alguns, qualidades viram defeitos.

Segundo meu supervisor, meu maior defeito é querer ficar bancando o bom samaritano, porque vivo fazendo favores a colegas que não merecem favor nenhum.

Não deixe aquilo que é bom em você ser mencionado como se fosse um mal.

Romanos 14, 16

Déspota

A mão pesada demais pode acabar acertando seu próprio dono.

Temos um chefe muito autoritário. Muito mesmo, demasiadamente. Seu estilo é o do ditador que critica e pune só para mostrar que ele é quem manda. Esse estilo dele transformou nosso setor em uma praça de guerra. Passamos o dia desabafando uns com os outros todas as frustrações que não podemos descontar no chefe. Sempre pensei que tiranos produzissem súditos amedrontados, mas, no nosso caso, este produziu subordinados descontentes e enfurecidos.

Como bater o leite produz manteiga, e torcer o nariz produz sangue, provocar a raiva produz conflitos.

Provérbios 13, 20

Injustiça

Quem se dedica mereceria muito mais do que está recebendo.

Permita-me fazer uma constatação. Ganho por mês o equivalente a cinco salários mínimos. Pelas estatísticas oficiais, sou classificado como "classe B" e ganho "bem". Com um salário desses, em qualquer país do primeiro mundo, eu seria considerado pouco mais que "indigente". Será que algum dia os pobres, que sempre foram e continuam sendo a grande maioria de nossa população, conseguirão encontrar apoio e oportunidades reais para terem uma existência mais decente?

A terra não cultivada dos pobres produziria alimento em abundância, mas ela é devastada pela injustiça.

Provérbios 13, 23

Discriminação

Produtividade não tem idade.

De uns anos para cá, minha empresa vem tomando uma medida que considero discriminatória e burra. Empregados mais antigos vêm sendo substituídos por jovens, com a alegação de que estes, mais saudáveis e enérgicos, são mais produtivos. Essa costuma ser uma reclamação feita por veteranos, mas eu sou jovem. Não apenas discordo da política da empresa, como também acho que os mais velhos apenas aparentam ser menos produtivos porque aprenderam a dosar melhor suas energias para atingir os resultados esperados.

Mesmo os jovens se fatigam, e os moços também sucumbem à exaustão.

Isaías 40, 30

Estabilidade

Se você se sente bem onde está, não saia só porque outros estão saindo.

Devagar, vou indo. Comecei nessa empresa faz oito anos, na camada mais baixa do organograma, e hoje tenho um pequeno cargo de liderança. Nenhum dos colegas que começaram junto comigo continua na empresa. Alguns foram dispensados, mas a maior parte saiu por acreditar que é preciso trocar de emprego para subir na vida. Sinto-me satisfeito por ser um empregado estável, mas sempre ouço que passar muito tempo na mesma empresa é prejudicial à carreira. Não concordo, e acredito que tudo acontece em seu devido tempo para quem tem fé e não desanima. Estou errado?

Alegrem-se na esperança, sejam pacientes nos percalços e constantes nas orações.

Romanos 12, 12

Calúnia

O que esperar de quem não tem escrúpulos?

Estou chocada. Uma funcionária, colega nossa, começou a dar em cima do chefe. Pelo que sabemos, ele nem deu atenção às insinuações dela, até porque é bem casado. Sabe o que ela fez? Virou a situação pelo avesso e o acusou de assédio, com a cumplicidade de outra colega, que também não é flor que se cheire e se dispôs a testemunhar contra o chefe. Conclusão: mesmo sem provas suficientes, ele foi advertido pela direção, entrou em depressão e mudou seu comportamento. Ficou amargo e pessimista, muito diferente do que era antes. E as duas beldades continuam desfilando à nossa frente todos os dias. Temos medo delas. Não sabemos o que mais poderão aprontar.

Eles praticam todos os modos de injustiça, maldade, cobiça e malícia. São cheios de inveja, assassinato, conflito, fraude e artimanhas. Eles são difamadores.

Romanos 1, 29

Empenho

Não desista na metade do caminho.

Tenho um probleminha. Já comecei quatro cursos superiores e não concluí nenhum. Em todos eles, desisti no fim do primeiro ano ou na metade do segundo. Não sei bem o que acontece comigo. Quando começo, estou todo entusiasmado, achando que aquele curso mudará minha vida para sempre. Até falo para meus amigos dos grandes planos que tenho depois de me formar, como abrir minha própria empresa. Aí, aos poucos, vou perdendo a chama e de repente passo a achar que aquele curso não servirá para nada. Aí, todo o meu otimismo inicial vira frustração e eu desisto. O que devo fazer? Terminar um curso mesmo achando que ele não é o que eu quero?

Melhor é terminar uma coisa do que iniciá-la, e melhor é o paciente do que o arrogante.

Eclesiastes 7, 8

Reincidência

Canalize suas energias para as coisas produtivas.

Já fui dispensado de quatro empregos pela mesma razão: discordâncias. Por natureza, sempre fui meio agitador. Quando vejo alguma coisa errada, faço o barulho que for preciso para que ela seja consertada. O pior é que os motivos que levaram às minhas demissões são até fúteis. Numa das empresas, me indispus com o gerente de Recursos Humanos ao iniciar uma campanha contra o café de baixa qualidade que a empresa servia. O gerente me mandou fazer o meu trabalho e deixar o dele por sua conta, e eu não engoli a desfeita. Agreguei mais uma lista de coisas que ele poderia estar fazendo pelos funcionários e não estava. Fui despedido em menos de meia hora. Como minha carteira profissional já está ficando manchada, pergunto se me preocupar com assuntos não diretamente relacionados a meu serviço é uma ofensa assim tão grave.

Por que continuar a ser derrubado? Por que continuar a se rebelar? A cabeça inteira está doente, e todo o coração enfraquecido.

Isaías 1, 5

Golpe

Cuidado. Não arrisque o que você não tem por algo incerto.

Coloquei meu currículo na internet e fui chamada por uma agência de empregos. Ao chegar lá, passei por uma entrevista com um consultor, e, ao final, ele me disse que havia um emprego para um profissional com meu perfil. Fiquei boquiaberta. O salário era ótimo, e os benefícios, excelentes. O consultor só não abriu o nome da empresa, mas eu estava tão encantada que nem insisti. Para conseguir o emprego, eu apenas teria que assinar um contrato e pagar, de imediato, o valor correspondente a um mês de meu futuro salário. Paguei, fui para casa e fiquei aguardando. Não quero esticar a história, mas fui vítima do "golpe do emprego", não consegui reaver meu dinheiro e quero alertar outras pessoas para que não sejam tão inocentes como fui.

O prudente vê o perigo e toma precauções, mas o ingênuo segue adiante e paga o preço.

Provérbios 27, 12

Oportunistas

Faça a sua parte.

Trabalho muito e ganho pouco. Quando vejo tanta gente enriquecendo por meio de métodos suspeitos e esquemas duvidosos, fico em dúvida se o crime realmente não compensa.

Não se aborreça com aqueles que são perversos, nem inveje os malfeitores.

Salmos 37,1

Atendimento

Preste atenção aos detalhes óbvios, mas que pouca gente nota.

Quero deixar aqui um depoimento, se servir para alguém. Fui participar de uma entrevista de emprego. Cheguei dez minutos antes do horário marcado. Fui atendido com 45 minutos de atraso. A recepcionista não sabia quem eu era, e a pessoa que me entrevistou não tinha lido meu currículo. Apesar de tudo isso, consegui a vaga. E me arrependo por tê-la aceitado. A empresa é uma bagunça. Mal organizada, mal administrada, mal-educada. Tive uma clara demonstração disso no dia da entrevista, e preferi ignorar os sinais. Recomendo que os candidatos a emprego prestem atenção à portaria e à recepção das empresas. Se o atendimento na chegada do candidato a emprego é ruim, a vida do empregado será pior.

Quem tem ouvidos para ouvir, ouça.

Mateus 11, 15

Exceções

Por prudência, não confunda um caso em um milhão com o seu caso.

Já avisei em casa. Não vou estudar. Vi na internet que muitos milionários nunca foram à escola, nem por isso deixaram de enriquecer.

Um desmiolado só adquirirá conhecimento quando um filhote de jumento selvagem nascer gente.

Jó 11, 12

Morosidade

Mexa-se.

Perdi muito tempo na vida. Deixei de estudar, acreditando que a experiência prática compensaria a falta de um par de diplomas. Não comecei a trabalhar porque não consegui empregos à altura do que eu desejava, somente ofertas com baixíssima remuneração. Pensei em abrir um negócio próprio, mas não consegui financiamento, nem meus parentes quiseram me fazer empréstimos. Estou chegando aos trinta anos, ainda sou sustentado por meus pais, e eles insistem que eu volte a estudar, mas acho que passei da idade. No momento, estou em dúvida quanto à melhor direção a seguir.

Preguiçoso, por quanto tempo você ficará deitado? Quando se levantará de seu sono? Uma soneca, um cochilo, sempre descansando de braços cruzados.

Provérbios 6, 9-10

Aumento

Mude o discurso. Explique que benefício a empresa terá se lhe der um reajuste.

Minha situação é simples. Gasto mais do que ganho. Acumulei dívidas e não tenho como pagá-las. Por três vezes, meu chefe me negou um aumento e me disse que preciso cortar despesas pessoais para encaixar meu orçamento no salário, e não o contrário. Fiquei injuriado, porque meu chefe não tem nada que ficar dando palpite na minha vida. Como posso convencê-lo de que preciso desse aumento?

Vocês pedem e não recebem porque pedem mal, para consumir com seus próprios prazeres.

Tiago 4, 3

Atrocidades

Esteja bem preparado, para não ter péssimas surpresas.

Participei de um processo seletivo junto com mais oito candidatos. A primeira parte foi uma redação, cujo tema era "a exceção confirma a regra". Como o coordenador só ditou o título, escrevi "excessão". Achei que era assim, porque sei que existe a palavra "excesso". Para surpresa dos candidatos, assim que todos escreveram o título, o coordenador recolheu as folhas daqueles que, como eu, escreveram "exceção" errado. E aí cinco de nós foram dispensados do processo por uma única palavra, sem que o coordenador avaliasse todas as habilidades que poderíamos ter. Estou atônito até agora. Essa foi ou não foi a maior injustiça já cometida até hoje num processo de seleção?

Os gileaditas tomaram as passagens do Jordão antes dos efraimitas. Quando um fugitivo de Efraim pedia para atravessar o rio, os homens de Gileade lhe perguntavam se era um efraimita. "Não", ele respondia. Ordenavam-lhe então: "Fale Xibolete", e ele dizia "Sibolete", por não conseguir pronunciar corretamente a palavra. Eles então o matavam à beira do Jordão. E assim caíram, naquele tempo, 42 mil efraimitas.

Juízes 12, 5-6

Recorrência

Muito problemas novos são bem antigos.

Não é bem uma reclamação o que tenho a fazer, mas a constatação de que o progresso traz coisas boas e ruins para quem trabalha. Uma das ruins é o trânsito insuportável. Todos os dias, levo uma hora para percorrer menos de oito quilômetros de minha casa ao trabalho, isso sem contar a falta de educação de muitos motoristas. Como bem dizia minha avó, "antigamente a gente sofria por não ter automóvel, e agora sofre porque tem".

As carroças atravessam furiosamente as ruas; cruzam as praças em todas as direções; parecem tochas flamejantes, e disparam como relâmpagos.

Naum 2, 4

Realidade

Se o recado foi dado, não é preciso insistir.

Nosso gerente participou de um seminário sobre mudanças e voltou todo entusiasmado. Ele reuniu os subordinados e solicitou que cada um fizesse uma lista de coisas que poderiam ser melhoradas no nosso setor. O pedido dele não teve boa acolhida, porque nenhum de nós quis dar a cara para bater. O gerente então sugeriu que nos reuníssemos e entregássemos uma lista única, anônima. Fizemos isso. Discutimos durante o almoço e chegamos a uma lista com mais de sessenta itens dignos de atenção, desde o estado dos móveis e equipamentos até atitudes do próprio gerente. Ao ler a lista, ele ficou possesso. Reuniu todo mundo, falou que tínhamos levado a solicitação dele na brincadeira e rasgou a lista na nossa frente. O que fazemos? Insistimos? Esquecemos? Transformamos a história em piada?

Mas evitem o falatório irreverente, porque ele só conduz a mais e mais iniquidade.

2 Timóteo 2, 16

Idoneidade

Abomine quem vive na culpa e prega a inocência.

A empresa em que trabalho tem um documento muito bonito, chamado "Declaração de Princípios". Um dos itens diz: "Contribuir para o bem-estar da comunidade". Na rua da empresa, há uma creche que passa por dificuldades, e sugeri ao diretor que a empresa fizesse uma contribuição para ajudá-la. Ele me respondeu que estávamos ali para ganhar dinheiro, e não para fazer assistência social. Mencionei o item da "Declaração de Princípios", e o diretor me falou para não acreditar em tudo o que leio. Fiquei engasgada, e já comecei a me virar para tentar achar outro emprego.

Ninhada de víboras! Como podem falar boas coisas, sendo maus?

Mateus 12, 34

Antevisão

Carreiras podem ser bem encaminhadas, mas nunca totalmente controladas.

Minha carreira profissional vem sendo uma mistura de altos e baixos. Uma alegria aqui, uma decepção ali, sorte em algumas coisas, azar em outras. Na média, estou satisfeita, mas seria ótimo se eu conseguisse ter uma vida mais programada, menos sujeita a tropeços ocasionais. Conversando com uma pessoa que vem vivendo exatamente do mesmo trabalho há mais de quinze anos na mesma empresa, ela me disse que também passou por esses momentos de boas e más surpresas. E me falou que carreira é como filho: a gente faz o melhor que pode para educar, mas nunca tem certeza de qual será o resultado. É assim mesmo?

Goze o dia da prosperidade, e no dia da adversidade considere: tanto um como o outro foram dados por Deus, para que ninguém descubra o que virá depois.

Eclesiastes 7, 14

Rigidez

Não queira mal a quem deseja que você seja melhor.

Meu chefe é muito severo. Qualquer coisinha que o desagrade, por mínima que seja, já faz com que ele venha com um sermão sobre os deveres do bom empregado. Ele é muito rígido, rigoroso demais, inflexível até nas vírgulas. Acredito mesmo que ele faça isso com boas intenções, mas ele quer que sejamos perfeitos em tudo, quando não existe ninguém perfeito neste mundo. Nem mesmo ele.

Pois os governantes não devem ser temidos, a não ser aqueles que praticam o mal. Você quer viver livre do medo da autoridade? Faça o bem, e você ouvirá louvores.

Romanos 13, 3

Legislação

Nem tudo é como gostaríamos. A lei concede direitos, mas impõe obrigações.

O regulamento da empresa diz que atrasos superiores a cinco minutos são punidos com o desconto de uma hora inteira. Só no mês passado, tive quatro horas descontadas por atrasos mínimos. Não seria mais lógico que o desconto fosse proporcional aos minutos de atraso? Que justiça é essa, que só funciona a favor do patrão?

Por que deveria qualquer ser humano reclamar das punições a seus pecados, e não de tê-los cometido?

Lamentações 3, 39

Vocabulário

Cada um tem seu modo de falar.

Uma coisa me intriga. Se trabalhamos na mesma empresa, fazemos o mesmo produto e temos o mesmo objetivo, por que cada departamento fala de um jeito diferente do outro? Quando participo de reuniões, parece até que estou em outra empresa, tantas são as palavras que ouço e não reconheço.

Se instrumentos musicais inanimados, como a flauta ou a harpa, não emitissem distintas notas, como se reconheceria o que está sendo tocado?

1 Coríntios 14, 7

Zelo

Dedicação no estudo e observância dos ensinamentos.

Tenho quinze anos. Como posso começar a me preparar para ingressar no mercado de trabalho?

Quanto ao mais, meus irmãos, adeus. Aperfeiçoem-se sempre, consolem-se mutuamente, concordem entre si, vivam em paz; e o Deus de amor e paz estará com vocês.

2 Coríntios 13, 11